山水成圩

桂林大圩古镇

庞铁坚 著

漓江出版社
·桂林·

图书在版编目（CIP）数据

山水成圩：桂林大圩古镇 / 庞铁坚著．-- 桂林：漓江出版社，2025. 3. --（广西村落文化丛书）．
ISBN 978-7-5801-0132-7

Ⅰ. K296.75

中国国家版本馆 CIP 数据核字第 20256MP205 号

山水成圩——桂林大圩古镇

SHANSHUI CHENG XU——GUILIN DAXU GUZHEN

作　　者　庞铁坚

出 版 人　梁　志
项目统筹　何　伟
特约编审　宋安群
特约组稿　廖明君　庞　白　胡小安
项目协调　霍　丽　黄　圆　吴　桦
责任编辑　宁梦耘
装帧设计　周泽云　曾　意
营销编辑　陈　睿　于媛媛　俞方远
责任监印　杨　东

出版发行　漓江出版社有限公司
社　　址　广西桂林市南环路 22 号
邮　　编　541002
发行电话　010-85891290　0773-2582200
邮购热线　0773-2582200
网　　址　www.lijiangbooks.com
微信公众号　lijiangpress

印　　制　广西民族印刷包装集团有限公司
开　　本　880 mm × 1230 mm　1/32
印　　张　8.125　插页 1 页
字　　数　156 千字
版　　次　2025 年 3 月第 1 版
印　　次　2025 年 3 月第 1 次印刷
书　　号　ISBN 978-7-5801-0132-7
定　　价　38.00 元

商品集散，离不开交通支撑。大圩最早的交通，显然是借助漓江航道。

沈钝罡

大圩古镇示意图

黄璐霜 / 绘

大圩小传

广西桂林市灵川县所辖的大圩镇，原属临桂县东乡，古代曾称长安市、芦田市。

大圩河流密布，物产丰饶，交通便利，是古代水陆转运的交通要道，自宋以来，因商业转运发展，渐成为桂北地区重要圩市，明清时期成为广西四大圩镇之一，抗日战争时期，这里被誉为“小桂林”。

历史上，往来大圩的名人众多，留下了非常丰富的历史遗存和文化篇章，大圩周边村落也保留有许多乡村古建筑和民俗文化。2005年，大圩镇被国家建设部、国家文物局列为第二批中国历史文化名镇。2012—2019年，大圩镇的熊村、上桥、毛村和大埠村先后被国家有关部委列为中国传统村落。

如今的大圩，虽然交通地位不复从前，但在桂林几十年旅游发展进程中，这里已经成长为漓江东线旅游的重要组成部分，古东瀑布、逍遥湖、东漓古村是国家AAAA级旅游景区，水印长廊成为文化名人常来打卡之地，大圩古镇老街及周边村落，则是古镇旅游、乡村旅游的热门线路。

总 序

广西壮族自治区地域广阔，山海相望，河流纵横。在这片南疆大地上，各族人民融洽相处、团结一致、积极用世，共同建设栖居之地和精神家园，形成诸多迄今为止仍全部保留或部分保留着农耕文明基因的村寨及乡镇。以农民为主体的乡土文化，与精英文化、市井文化长期互相依存，在孕育各具形态的社会生活的同时，各美其美，互相映耀，成为建构光辉灿烂的中华文化的丰富资源，承载着国人共同的历史记忆。逢此盛世，包括少数民族文化在内的乡村文化，劲挺焕发出蓬勃的朝气和活力，与城市化的进程同步，在继承往日传统的基础上，依据自身当下的条件，不息创设着具有自己特色的文化生活，呈现出生机勃勃和丰富多彩的文化事象。

在广西壮族自治区党委的领导下，经过多年努力，包括传统民居在内的广西大量历史建筑得到较好保护，形成了规模较大、内容和价值较丰富、活态传承的农耕文明遗产保护群。截至2024年，广西入选国家级、自治区（省）级“传统村落”“历史文化名镇名村”“少数民族特色村寨”“美丽休闲乡村”等名录的村落，合计超过800个（次）。这些具有地域特点、民族特色的乡土村落，是广西优秀文化的一部分，是中华民族共同体的瑰宝，是值得继续传承、有待不断开发的物质资源和精神资源。

习近平总书记先后指出，“乡村文明是中华民族文明史的主体，村庄是这种文明的载体”，“乡村振兴，既要塑形，也要铸魂”。重塑乡土文化，建设乡村精神家园，筑牢乡村振兴之根，确保乡村社会的持续稳定发展，既有重要意义，也是现实需要。

为贯彻落实党的二十大精神和习近平文化思想，广西壮族自治区党委宣传部指导策划，广西出版传媒集团组织漓江出版社的编创团队出版“广西村落文化丛书”，重点对广西村落的发展历史、建筑风貌、民居样态、民众生产生活方式、文化艺术结晶和民族地域特色等进行系统梳理，挖掘、整理蕴含在村落中的最具感染力、传播力的文化元素。本丛书被列入广西优秀传统文化出版工程，以区内20个秉具特色的村落为载体，书写中华文明史上的广西篇章、广西故事。

“广西村落文化丛书”推出的村落，基本上是迄今为止仍全部保留或部分保留着农耕文明基因的村寨或乡镇。所谓特色，指承载有乡土文明、地理特点、民族特性、历史意义，以及物质、社会和精神文化优秀传统的特征。这些特征涵盖了历史、政治、经济、教育、文化、自然、地理等方面，以及与此相关的发展脉络、山水风光、村落景象、公共设施、历史人物，乃至具体的商埠、街巷、建筑、物产、民俗、节庆、歌谣、饮食、服饰等，对它们的书写都是挖掘“村落文化”的题中应有之义。不同地域的物产资源与气候条件，决定着不同地域适宜人居的村落形制；不同的民族村落，又折射出不同民族的文化精神与审美情趣。

本丛书遴选的村落，覆盖广西14个设区市，涵括广西的四大古镇，包含汉、壮、侗、苗、瑶等多个民族特色村寨，选入少量独具广西特色的仫佬族、毛南族、京族村落，同时兼顾文旅基础好、广西文旅部门重点打造的村落。为踏实求真地完成这套丛书，作者们大量查阅典籍、方志，多次实地调研、访谈，多以“准史志”的严谨文字来写作，偶有散文笔调的呈示，也意在使史实的叙事轻快鲜活，为读者理解文本而创设情境。诚然，20个村落的丛书叙事难说全方位地反映了广西村落文化面貌，但由于每个村落都是一个“小世界”，其形貌、特性各有不同，故一定程度上仍可说，丛书不啻是广西异彩纷呈的地域文化和民族村落特色的缩影。因之，这些村落就不只是某个市县的地理乡镇，也不只是某个作者个体视角的村落印象，而是基于现实的记史、纪实的乡土影像，是包含了地理环境、历史脉络、文化积累和当下关注的宏大画卷。

本丛书兼顾历史性和当下现实关怀，既溯及村落们的过往，也描绘其当今的发展状况，蕴含着浓烈的时代精神，呼应了习近平总书记关于乡村振兴的战略思想。广西广大农村的各族群众长期居于乡村，他们热爱乡村、建设乡村，乡间一切物质与精神的积淀，更是注入民众血肉和灵魂的所在。凡是能够世代流传直至今日的良好的村落文化事象，必然是符合民意民情、具有强劲生命活力的，其赓续的功效，无疑地，既体现在精神层面，也体现在物质层面。新时代乡村的建设者，或可从中收获宝贵而又可靠的经验。

目录

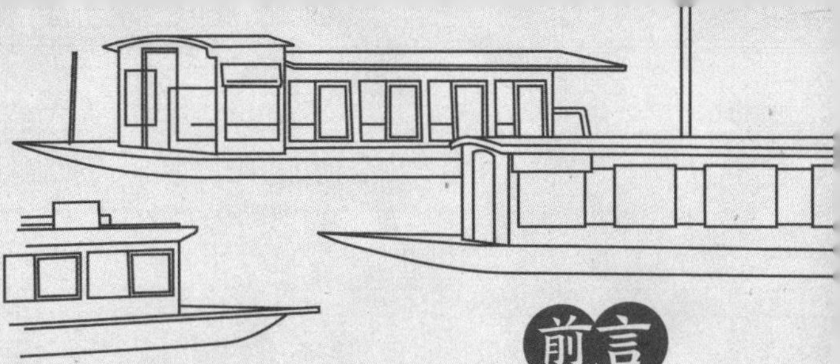

前言

大圩是位于桂林城东、漓江畔的一个古老圩镇，距离市中心约20公里，隶属于广西壮族自治区桂林市灵川县，东与灵川县潮田乡、海洋乡接壤，北与灵川县灵田镇接壤，南与雁山区草坪回族乡交界，西与雁山区柘木镇和七星区朝阳乡相连，全镇总面积为193平方公里。

大圩位于漓江从西向东流、转而从北向南流的转弯处，这里是漓江流经桂林后的第一个大湾，对岸是高大雄伟的磨盘山，数条支流从这里汇入漓江，形成开阔而平缓的水面，易于船只停泊，也利于货物的集散周转。

大圩镇为丘陵地貌，毗邻漓江，气候温暖，水量充沛，适合农业生产，自古交通便利。早在汉代，大圩镇就形成了居民点，考古工作者曾在此处发现南北朝时期的墓券。因为水运便利，最迟在宋代，这里已经形成商业圩市，元代称长安市，明代改称芦田市，清代称为大圩。

在人们交流的语境中，“大圩”也分为狭义和广义两个不同层面的内容：狭义的大圩，指今天的大圩社区，即大圩镇政府所在地，主要指大圩古镇；广义的大圩，则是指包括上述社区和行政村在内的大圩镇。今天，大圩是漓江东岸旅游线路的重要节点，每天来到大圩或途经大圩的旅游车辆非常多，大圩的自然风光和历史人文被越来越多的人所熟知。

由于大圩古镇的繁华变化与周边环境关系密切，本书在介绍大圩古镇的同时，也会将笔触延伸到大圩镇下辖的相关村庄，力图向读者呈现一个完整的大圩。

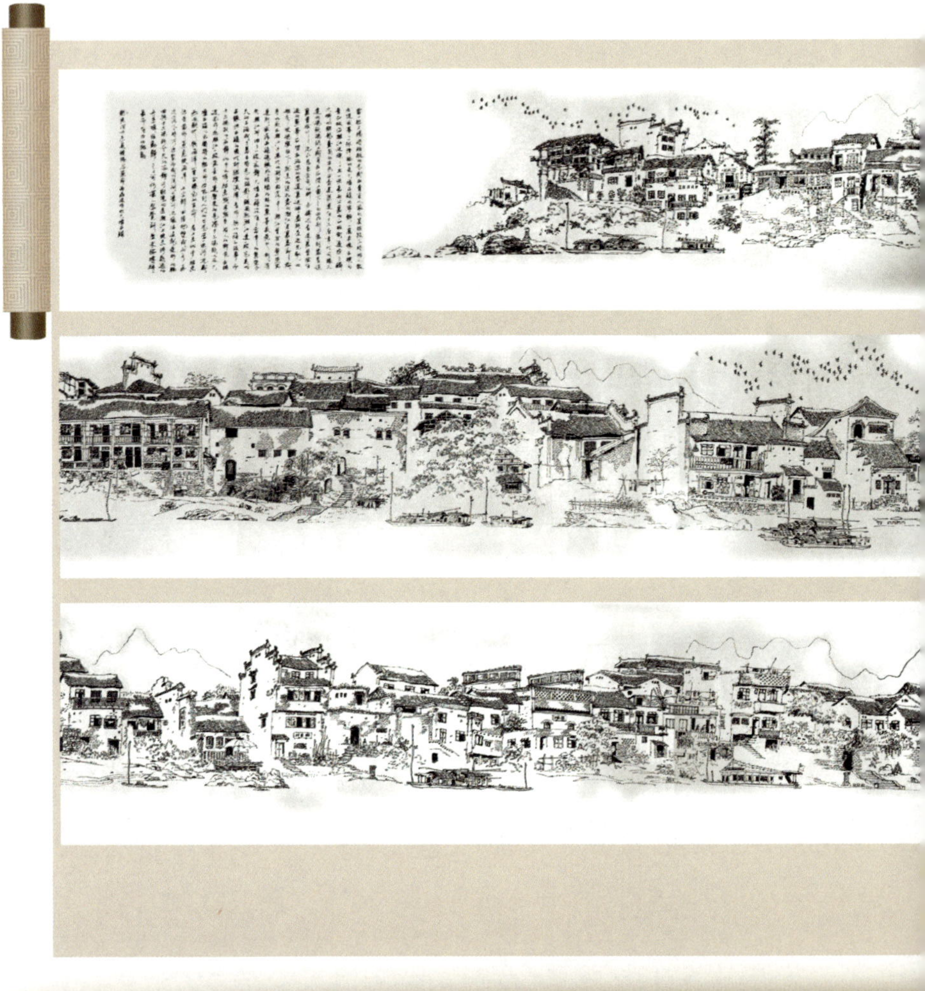

大圩古镇钢笔画　谢晶波／绘

为何独享「大圩」之名

▼漓江自西而东流经这里，绕过高大的磨盘山，磨盘山的对岸就是大圩。

大圩是桂林历史上著名的经济重镇，是桂林水运转陆运的重要节点。“荔浦人来分大芋，梧州船到有新柑”说的就是以大圩为代表的漓江水运的繁华。今天，它已经演变成桂林漓江东线旅游的一个重要组成部分，其自然景观和人文历史都深受远近游客喜爱

初识

说起大圩，老桂林人总是津津乐道，在明代，大圩是桂林周边最著名的经济重镇，是广西与中原联系的重要枢纽。如今，它的经济地位虽然有所下降，但已然演变成桂林漓江东线旅游的一个重要节点。

米切尔在《风景与权力》一书中有一个重要观点："风景是以文化为媒介的自然景色。"每当我与朋友们谈到大圩时，脑海里浮现出来的，就是大圩古镇的风景。漓江自西而东流经这里，绕过高大的磨盘山，磨盘山的对岸就是大圩：圩船排列，圩场热闹，圩客来往，物集物散。这是一幅恒久不变的画面。在我讲述这个画面时，灵魂深处的文化认知，悄悄地搭配着我最偏爱的画面元素。我所介绍的大圩，是我心中所认知的大圩，也是我所喜爱的大圩。

说起来，我与大圩结缘其实有很长时间了。

1976 年 11 月，我从河南省内黄县的知青点转到桂林华侨农场，成为这里一名"非归侨"的农业工人。农场位于漓江边，周边的村庄，都是大圩公社所辖，如敢兴村、石门村、宝盖山、江洲村等，就与场部相邻。不过，农场距离大圩镇上，还有几公里远。

那时的桂林，已经闻名中外，江上每天都有不少满载外国游客的游船经过。不过，生活在其中的我，对人们经常说到的桂林风景不以为意，而是对身边一些能够打动内心的小景更有兴趣。1977 年 4 月初的一个下午，春雨初歇，我与几个工友相约，收工后，从华侨农场沿漓江南岸向东而行，经过江洲村，来到磨盘山脚下，我们走下江堤，过了一座小桥，上了一个洲子，这个洲子叫毛洲。

毛洲的景色让我一眼就喜欢：整个洲子，竹林掩映着农田、菜园和农舍，偶有几声狗吠鸡鸣，雨雾中那种湿漉漉的环境，如同书中写的桃花源一般，安静自足、自得其乐。毛洲对岸，就是著名的大圩古镇。我从毛洲乘坐渡船过河，来到大圩古镇。这是我第一次走进这个古镇。那时的我很年轻，精力旺盛得很，工余之时步行若干公里到这座古镇来，并不懂得欣赏古镇古趣，我是来看电影的。那个时代，大批被封存的老电影解禁，给文化生活极度贫乏的我们这一代人带来了无以言说的欣喜。听说这天晚上大圩电影院要放映老电影《董存瑞》，我按捺不住内心的高兴，即使经历了一整天强体力劳动的疲惫，也不能轻易漏掉这场电影。

那时的大圩电影院，是利用鼓楼街旁边原来的江西会馆改建的，墙体还是旧模样，屋顶已经加高，里面是舞台和观众席。不过，这已然是很好的条件了。在物质匮乏的年代，可供遮风避雨的电影院，虽然是城里的标配，但却是乡下的“奢侈”。我们沿着码头的通道向上行走，没有几步，就到了这个位于古镇最中心位置的电影院。

电影散场，夜色已深，大圩往毛洲的渡船已经停止渡客，找不到艄公了，我们无法顺着原路回家。于是，我们便沿着那条青石板铺成的长长古街，让“啪嗒啪嗒”的脚步声打破古镇之夜的宁静，自东向西走，穿过大圩镇，从江北的农田小路回家。黄昏与夜色中的大圩，是我脑子里对大圩的第一印象，那是与北方集镇完全不同的画面与格调。

经过石家渡，回到华侨农场码头，那里有农场的渡船。渡船泊在对岸，任我们喊破喉咙，也没有渡工理会，估计是睡着了。农场在对岸码头边上为渡工建了房子。有不怕冷的工友，游泳过江，把渡船撑过来，让我们得以上船过江，各自回家。

离开江岸时，大家只顾兴高采烈各自归家，没人记着要把渡船拴好。结果，那条船在夜里被江水冲走了，幸好被磨盘山那边的竹江村村民拦住，才没造成更大的损失。农场领导很生气，让头一天晚上到大圩看电影的几个年轻人去把渡船拖回来。我们几个工友，成了一次临时的纤夫，到竹江村去，从村民手里接过船，沿漓江的东岸、北岸，一路拖行，绕过大圩的若干码头、毛洲岛和江洲村，终于把渡船拖了回来。几个人拖着船经过大圩码头的时候，垂头丧气且疲惫，没有心思去欣赏大圩古镇的景色，只是在不经意间成了大圩水运构图的组成部分。

时过境迁，我和工友们早已分散在世界各地，难得见面。偶尔有机会与其中一两人相聚，总会提起那一次去大圩看电影的故事，不过没人记得清楚究竟有谁去拖船回来了。很多年后，再回毛洲岛，岛上风光有所变化，这时的毛洲岛情景没有对我再造成强大的视觉冲击，但第一次登陆毛洲岛的情景马上在脑子里涌现出来，在暮色中的晚餐后，我忍不住写下两首古风：

三十年前访毛洲，
竹林农舍枕江流，
薄暮时分圩舟至，
隔江犹看吊脚楼。

江左沙渚野林斜，
鸡鸣犬吠三两家，
竹园掩道通何处，
渔筏波中网云霞。

后来，我又曾很多次与不同的友人或骑行或驾车到大圩古镇上游玩，但与大圩初遇的情形一直深深地刻在脑海里，历久弥新。

上：大圩镇对岸的磨盘山　　　下：著名画家阳太阳笔下的磨盘山

从“长安”到“大圩”

大圩，原来只是指磨盘山对岸漓江边的一个圩场。作为一个古镇，大圩至迟在宋代已成热闹圩市。古语中的“市”，是指商品交易场所，可见这里的交易已经成市，有繁华之象。大圩东，有芦田山，故大圩称为芦田市，圩街上还有芦田寺。圩场旁的虎岩，留有宋以来古人游览题记多种，如宋人吕三畏的题诗、余敏子游虎岩的题刻等，从侧面说明宋代此地之繁华。明代，这里改名为芦田市。明洪武元年（1368 年），大圩人口稠密，交易颇多，官方在此设立芦田市巡检司。清嘉庆十三年（1808 年），桂林府同知署迁至大圩办公。鸦片战争以后，清政府被迫开埠，大圩商业逐渐繁荣。作为漓江水运一个重要节点、桂林下游最近一处重要圩镇，大圩的商品交易规模也在不断发展扩大。

到了晚清，大圩成了一个乡，周边村庄也属于大圩管辖了。民国时期，大圩所在的临桂县曾设 9 区 82 乡镇，大圩设区，也设镇，且周边有许多的乡镇，如上慧、大雄、龙福、宜下、万全、柘木、助顺、三滩、草坪及熊村镇、大圩镇。现在，这些乡镇，都属大圩镇。大圩这种行政辖区范围的“长大”，是行政权力发挥作用的结果。

大圩的另一种“长大”，是它的经济辐射力的成长。

大圩属丘陵地区，水系发达，植被丰富，适合农业生产，出产稻谷、提子、草莓、柑橘、蔬菜、林木等，历史上曾经是桂北地区的粮食和糖蔗基地，适合人类居住。这里曾经出土多份南北朝时期的墓券，这些墓券的行文风格，带有很深的中原文化印记。大圩附近有一座不算高大的山岭，叫阳龙山，阳龙山在唐代叫驳鹿山。传说唐武周年间，出生于桂林东乡的张氏一族，有一子名元康者，在京城安国寺出家。开元初某日，天子巡幸安国寺，元康解法深得圣意，天子龙颜大悦，遂将异域人所贡之白鹿赐予元康。元康乘坐白鹿回乡省亲，经过阳龙山，为此处风光所倾倒，便在此建寺传法。该寺在史上多次重修，有乾隆二十一年（1756 年）《重建观音殿碑记》记述兴废事。清嘉庆年间《临桂县志》有载：“阳龙山，高六十丈，广四十里，顶有二池，旧《图经》云：唐玄宗以异国所贡白鹿赐僧元康骑归此。山前有池，水色绀碧，间有莲开五色交焕，谓之飞来莲。”这段记录，说明在唐代，大圩一带已经是人烟稠密之地了。可惜，在岁月的沧桑变更中，此寺已废久矣。

大圩镇上最早的街道，是今天最西侧、最冷落的老圩街。宋绍定六年（1233 年），一位叫吕三畏的官老爷，来

大圩古镇五里长街示意图

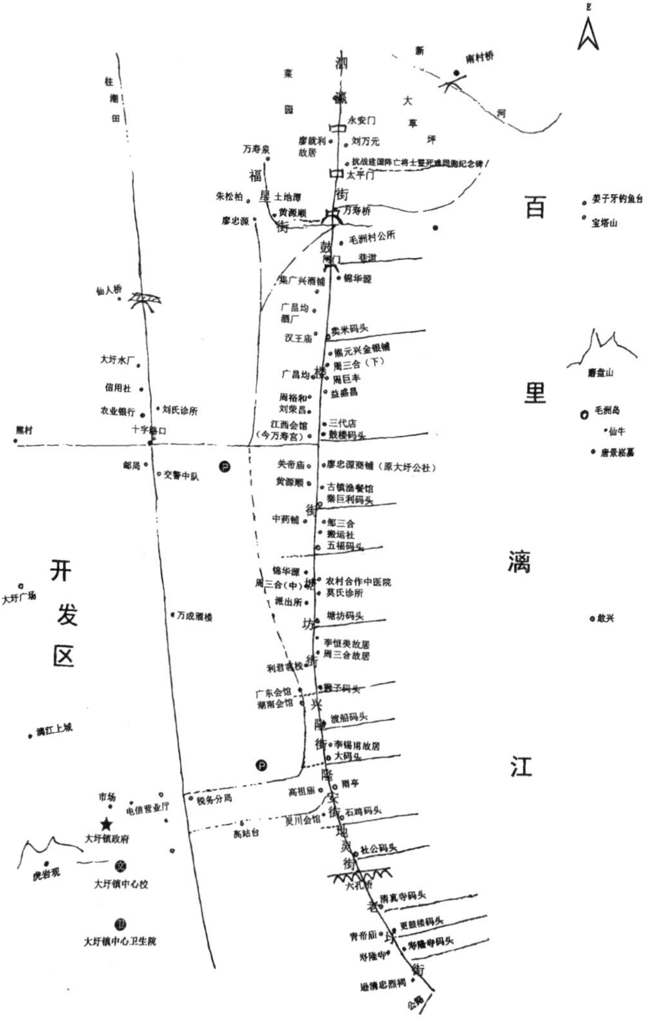

大圩清真寺大门

到大圩采购公物，其采购的主要区域，就是这个老圩街。明永乐年间，大才子解缙，也在这儿系缆歇息，留下了诗篇。他在诗中写到的“芦田寺”，就在这条街上。徐霞客系舟处，同样是在这里。回民擅长经商。大圩有世居回民，他们将清真寺修建在这里，说明这里曾经是大圩的中心区域。

鸦片战争以后，国门洞开，对外贸易规模扩大。高尚、海洋、潮田等地的山货，大圩周边的大米、竹木器具，乃至本地人捕获的野味、远销大都市的本地皮草，纷纷从大圩装船外运，大圩宽阔的江面上，挤满了来来往往的船只，可谓“船来船去无尽时”。梧州那边，则运来食盐、洋布、洋面、洋油、洋灯；桂林方向送过来的，则是铁料、陶瓷、丝绸、茶叶等。清代桂林诗人况澄曾写桂林冬初蔬果：“荔浦人来分大芋，梧州船到有新柑。”描述了漓江水上运输的盛况。

除了来往船只客货上下，漓江上游的兴安、灵川也是重要毛竹产地，每年有大量的成竹被编成竹排，由放排人（即放竹排的人，也叫排工）一路随江而下，将这些竹子沿江贩卖，一直卖到梧州。大圩等漓江沿岸的村镇，也就顺应市场需要，开设了“排铺”，为这些放排人提供住宿之所、充饥之位。这些规模颇大的放排队伍挤在熙来攘往的客货船只中，大圩江面就更显得热闹了。

客商熙攘、货运繁杂，来往舳舻，皆经过大圩，大圩

以前，漓江运输是桂林城的重要运输手段，那些货船年复一年地往返于桂林至梧州之间

大圩的江岸老房子

塘坊码头

原来的老街自然承担不了泊岸补给的巨大需求。地灵街、隆安街、兴隆街、塘坊街、鼓楼街、福星街、泗瀛街等，也就顺其自然地依江下游延伸，一段一段地建设起来、发展起来。承担货物集散的大圩码头，自上游的寿隆寺码头、更鼓楼码头、清真寺码头开始，又逐渐增加了社公码头、石鸡码头、大码头、渡船码头、狮子码头、塘坊码头、五福码头、秦巨利码头、鼓楼码头和卖米码头。大圩就这样成为漓江沿岸的一个重要港口，整个圩镇终于在晚清和民国时期扩展成 8 街 13 码头格局。

据民国时期广西省政府的调查，民国十四年（1925 年），三日一圩的大圩，每圩的圩客人数平

兴隆街的供销社门市部

均达 1.3 万人之多，遥遥领先于桂北各圩场。要知道，那时候的桂林城居民也不到 10 万人。大圩就这样在历史长河中，自西向东，逐步发展成 8 条古街 13 个码头的繁忙要冲。大圩最早的热闹之处，自然是老圩街及其所在的寿隆寺、青帝庙和清真寺码头。随着大圩的兴盛繁荣，兴隆街和塘坊街成为热闹的主街。来往的官员和重要使节在大圩上下船，从塘坊码头出发，加上迎送的炮响，这里就成为吸引目光的地方。大码头在李锡甫故居旁边，也是客货两旺之地。最为人所熟知的渡船码头也在这里，是对岸诸村庄赶圩必经之处。农业合作化以后，地方政府在大圩设立了供销社，供销社是那个时代农村基层具有“垄断性”的商业机构，农产品的采购、外销，工业品的下乡分销，无不经过供销社系统，故供销社的店铺占据了大圩街上多个最重要的地段，如鼓楼街和鼓楼码头交界处，就是供销社最大的商店和招待所。并且，为了便于大宗货物的转运，大圩公社将鼓楼码头改成了汽车可直达江边装卸货物的真正大码头，上下码头的通道也宽多了。

作为一处颇具规模的圩场，大圩自然也少不了游玩的地方，比如街上的汉王庙，江边的河滩，圩场北面凤凰山的虎岩以及道观等，都可以供游客游玩、打发时间。

由此，大圩算是在经济辐射能力上长大了。

/ 繁华圩场 /

大圩何以叫“大圩”，这是一个让很多人感兴趣的话题。

在我国漫长的农耕时代，乡村交换商品的场所，北方叫“集”，“赶集”就是去做买卖之事，四川叫“赶场”，云南叫“赶街”，广西、广东叫“赶圩”。

“圩”，原写作“墟”甚至“虚”。宋人吴处厚在他的《青箱杂记》中说：“岭南谓村市为虚。柳子厚《童区寄传》云：‘之虚所卖之。’又诗云：‘青箬裹盐归峒客，绿荷包饭趁虚人。’即此也。盖市之所在，有人则满，无人则虚，而岭南村市满时少，虚时多，谓之为虚，不亦宜乎？”

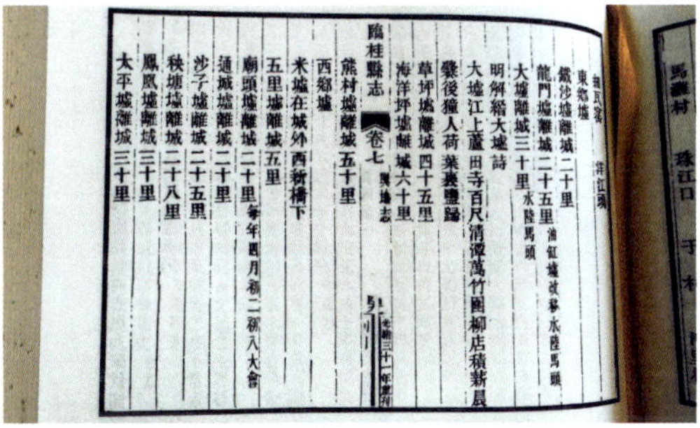

東鄉墟
鐵沙墟離城二十里
龍門墟離城二十五里油缸墟改移水陸馬頭
大墟離城三十里水陸馬頭
明舸縮大墟詩
大墟江上蘆田寺百尺清潭萬竹園柳店積薪晨
爨後獞人荷菜裹鹽歸
草坪墟離城四十五里
海洋坪墟離城六十里
臨桂縣志 卷七 輿地志 光緒三十一年重刊
熊村墟離城五十里
西鄉墟
米墟在城外西衙橋下
五里墟離城五里
廟頭墟離城二十里每年四月初二初八大會
通城墟離城二十里
涉子墟離城二十五里
秧塘墟離城二十八里
鳳凰墟離城三十里
太平墟離城三十里

清光绪版《临桂县志》中关于东乡圩场的记载

漓江边的大圩，大圩虎岩的摩崖石刻可证明，至迟自宋代已成有影响的固定圩市，事实上的成圩时间应该更早。至明代，桂林大圩与宾阳芦圩、苍梧戎圩、贵港桥圩等，已经成为广西的四大圩市。然而，为何独此圩称“大”？在这四大圩镇中，桂林大圩的人口数量、商铺数量都不算最大，为何独独桂林的大圩称为“大圩”？其实，这“大圩”之“大”，并不是指它在一省之地位，而是指其在所在县的地位。钟文典先生主编的《广西近代圩镇研究》说：历史上的圩镇分类，有把同县不同规模的圩场分为大圩、中圩、小圩的。大圩之所以被人叫作“大圩”，其实是桂林人的叫法。明清时期，大圩属于桂林临桂东乡。地近省府的东乡之地，有好几个圩场，清光绪版《临桂县志》里列出了东乡的圩场就有铁沙圩、龙门圩（也叫油缸圩）、草坪圩、海洋坪圩、熊村圩等，县志上没有列出的还有太和圩、潮田圩、三滩圩等。在东乡的这些圩场中，因为大圩地处水陆要冲，承担着水陆运输衔接的职责，来往客商多，交换货物多，交易量大，圩镇街道和商铺也比周边其他圩场明显大得多，故被称为大圩，意指它是桂林东乡最大之圩市，或者说是临桂最大的圩市。从大圩的功能和辐射力来说，这称呼也在情理之中。它的古街道一侧，相继有 13 个码头沿河铺开，几条古街的长度相衔，居然有 2.5 公里。如果没有思想准备，从这条街头走到街尾，一些人甚至会有疲劳感。

南宋时期，大圩之地已经有较好的商业环境，有广东廖姓者溯江而上，在大圩以贩盐为业，并购地置产，定居下来。明代，大圩有了巡检司。清代，大圩设立了盐运水利分府，可见明清时期，此地的人口密度和商业交易数量已经很有分量了。

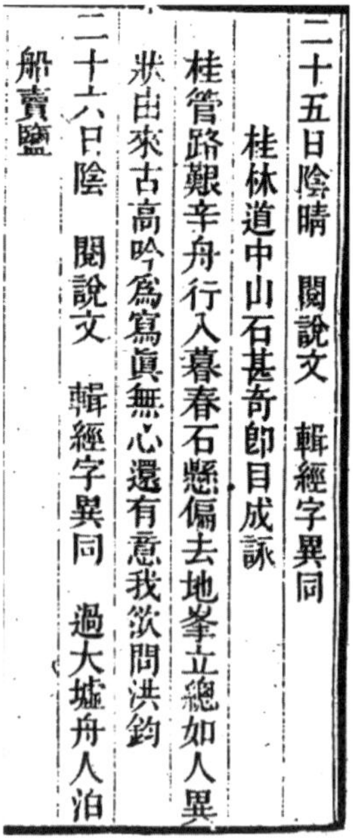
二十五日陰晴　閱說文　輯經字異同
桂林道中山石甚奇即目成詠
桂管路艱辛舟行入暮春石懸偏去地峯立總如人異
狀由來古高吟爲寫眞無心還有意我欲問洪鈞
二十六日陰　閱說文　輯經字異同　過大墟舟人泊
船賣鹽

张维屏过大圩见到有人泊船卖盐

大圩的繁华，主要是在清代到民国年间，原因有二。一个是清代自雍正年间开始进行的盐政改革，食盐从官营逐渐转向商营，盐商为了节约经营成本，会开辟较近的盐路。从广东水运而来的食盐，在大圩卸货，走陆路经熊村向灵田、经潮田向兴安的高尚、白石，灌阳的洞井、黄关等地运输。清政府在大圩设立了盐运水利分府，以维护盐市秩序、及时征收盐税。大圩逐步演变成一个以食盐为核心交换商品的重要商埠，带动了周边地区商业发展。在古人的笔记中，我们也经常可以看到大圩与盐的相关记录。除解缙写的那首《桂林大圩》诗提到盐以外，越南使节吴时位、广东诗人张维屏都在其诗作或者笔记中提到大圩的盐交易。现在，大圩经灵田到高尚的盐马古商道遗存仍可辨析。

另一个原因是鸦片战争以后，广州开埠，大量的外国商品涌入中国，兴安、灌阳等地的洋货供应，为避免冬季水路断航，主要选择从大圩转运。从贸易的平衡来说，以大圩为聚合点的周边丘陵、山地之物产，也需要从大圩转运出去，换回可供支配的银钱，这也刺激了大圩的经济发展。

我们今天看到的大圩古镇主街和熊村老圩街，即使经过漫长岁月，青石板路两边的砖木旧屋，仍然可以看出以前商铺相衔的繁华：每一家临街的那堵墙，几乎没有砖墙砌就的，全是木板铺门，天亮开始交易时，这些铺板卸下（叫“下铺板”），整面墙就完全打开，店内的货柜或货堆便完全呈现在行人面前，以吸引顾客购买，推动交易。有的店铺则是一半铺门一半窗，窗户的铺板也如铺门那样卸下，窗台就成了柜台，特别适合烟酒、食盐、酱油、杂货、糖块食品等的零售交易。

除了当街的一面是面向顾客的门面，临江的一面也往

大圩街上的老房子基本是这样的格局：窗户板卸下来就是柜台

往是可以经营的门面。水运发达时期，很多过往的船只需要在大圩这样的临江圩镇泊船过夜，临江的铺面，可方便船家和乘客采购食物之类以补充旅途所需。

因为门面价值高，整条街上，即使是大户人家，也极少有两开间或者三开间的房屋结构，一般都是一开间，房屋只向纵深发展。少数人家有两开间甚至三开间，那是属于“四大家”这类圩镇上的富商才有的气派了。毕竟，以前的商品种类少，一开间就基本可以满足商品货物的陈列需求。

为了满足生意需要，住房一般就在店铺后面的二进或者三进处。条件好的，中间隔着一个天井庭院，可以较好地采光。庭院的尺寸规模，无声地展示出主人的经济实力。讲究一些的，会在天井里置放一些奇石怪树、奇花异草，为生活增添一些情趣。不太讲究的，或者嫌房屋空间不足的，可能会忽略掉天井设计，改用亮瓦采光，甚至将睡觉的床设置在空间不太高的阁楼上。财大气粗的，则会在房屋上方加盖一层或者两层，形成这条古街上少见的楼房，也使整条街的建筑产生一种视觉上的高低错落感。今天的鼓楼街北侧，有几间经过改造维护的大户人家铺面，尚能较好体现出过去那种大户人家的气派。

古街上那条长长的青石板铺成的主道，在岁月的打磨下，已经形成光泽。若遇雨天，青石板上会反射出来具有艺术效果的光影。我们今天仍然在行走着的这些青石板路，是民国早期由圩镇上的大户人家李锡甫单独捐钱铺就的。

小雨中的老街

大圩是商业聚集之地，商户多，有钱的商户也不少，如果有钱人只顾自己挣钱，不考虑街坊邻居父老乡亲的感受，就会被人在背后议论。这类商人，生意很难做长久，在乡亲们面前也抬不起头。在这种文化环境熏陶下，挣了钱的人，往往都会找机会回报父老乡亲，努力在乡亲们的口中成为积善之好人。做善事多的富商，在乡亲中的影响力、号召力也大，生意也就更好做，这富人行善，实际上是商业形象投资，只是古人尚无这方面的自觉意识罢了。

大圩在岁月的浸润中慢慢成长为桂林东边一处重要商埠，来往的客商自然也就多了起来。因为要做生意，一些人会在这里落脚、安家。古时候的中国文化，讲究族群圈子、老乡抱团，在他乡立足更要如此，以免受人欺负。来自一个地域的商人多了，他们就会投钱建一个同乡会馆，供同乡人或在此落脚借宿，或处理一些公众事务，或举办一些有家乡特色的聚会活动。大圩街上，逐渐出现了各地生意人建造的会馆。会馆是圩镇上某地同乡的交流平台，家人信息、乡情信息、商机信息等在此汇集。遇到一些节庆，或者某个乡党的新店开业、某位有威信的同乡长者生日祝寿等，都会在会馆举行请戏班唱堂会等文化活动。新春、元宵等佳节来临，会馆就挂上一对硕大的红灯笼，请有名的秀才写上喜庆的对联贴上，更增添了节日的气氛。

以大圩为圆心，水路向西十里是龙门圩，二十里是桂林府；向南十里是滩子坪，二十里是南亭驿、草坪圩。陆路向东二十里是潮田圩；向北十余里是熊村圩，三十里是灵田圩；东北方向是海洋圩。周边各圩基本是三日一圩，圩日错开，故每日各条道路上都有许多赶圩的人。民国时期成长起来的桂林著名商号张永发的老板张香圃，他的父亲每日奔走于各圩场，不断赶圩挣些微利，逐渐积攒，获

熊村的湖南会馆，从一个侧面见证了熊村当年的繁华

得“第一桶金”。可以说，在历史的长河中，圩场永远是商人淘金的地方，也是普通人家出售自家产品、换些小钱维持生计的重要场所。

/ 后方“小桂林” /

民国时期，尤其是全面抗战爆发后，随着沿海大都市的难民大批逃到桂林落脚，一些人开始在大圩安家办企业，大圩就更显热闹，甚至被誉为“小桂林”。

战争时期，大圩过往商旅多，交易繁荣，第四战区的第六、第七伤兵医院就干脆设置在这里，以避日军飞机对

抗战期间，在桂林养伤的抗日军人张壮飞在曾公岩留下的抗日题词

桂林城的经常性轰炸。前方战事频繁，转运到大圩治伤的伤兵颇多，加上医护人员的常驻，大圩很自然成为桂林市郊一处有许多外地人的热闹所在。圩镇上的老人说，那些伤兵吃不饱饭，经常拄着拐棍，到河滩上去摸螺蛳解馋，街上那些开小吃店的，有时会免费给那些伤兵的碗里添一些卤水以下饭。

因为紧邻漓江，码头不少，交通条件好，抗战时期，大圩有了外地商人在这里投资，建设了一些颇具规模的工厂。民国三十年（1941 年），广西实业公司在大圩开办了建国机械厂，修理汽车和其他机械。桂林至大圩的公路，没有跑商业运输的汽车，却常有需要修理的汽车被拉到这儿来。

同样是民国三十年（1941 年），中国农工社与广西省建设厅在大圩投资合办了广西面粉厂。这家面粉厂，在当时的条件下，可谓很有规模了：职工 100 余人，生产设备通过水运从广东运来，生产需要的原料小麦也是通过水运从广东运来，每天生产的面粉产量达 25 吨之多，根据质量，分为特级农夫、佳和、牧童 3 个品牌，通过水运运往梧州、桂林和广东等各省市，那个时代的大圩，已经实现了真正的“两头在外”生产营销模式。

因为大圩成了广西最重要的面粉生产地，当地人借助资源优势开发出“鸡蛋面条”这一深加工产品，很受市场欢迎，所以有“桂林米粉大圩面”之誉。时过境迁，今天的大圩鲜有人知道大圩面曾经在市场上有如此大的影响力。

面粉的原料要从外地运来，但本地也生产稻谷，为什么不能利用这个资源优势开办碾米厂呢？于是大圩人周扬善、秦怀新投资兴办了 3 家碾米厂。

除了米面，大圩的油榨坊也不少，达到 21 家之多，商号有周信泰、巨利、聚泰、洪兴等，生产茶籽油、花生油、芝麻油，这些油也远销到广东、广西梧州等地。

至于熬糖、酿酒、制作豆豉、编制竹器等手工企业，大圩就更多了。民国时期的旅行家田曙岚徒步到大圩，就看到了这类作坊。大草公路改造前，茯荔村的路边还可见到榨糖坊。

1952 年，大圩本地人秦怀新还投资创办了一家小型的火力发电厂，供圩镇照明用。在这里建火电厂，也是因为发电需要的燃煤可以借助当地的水运条件运输解决。

大圩版图的伸缩变化

大圩，作为漓江边的一个古老圩镇，已经有了上千年的历史。作为一个行政单位来看，“大圩镇”的历史格局，一直随着时代发展发生变化。

在清代及以前，今天的“大圩”属于临桂县东乡范围，是东乡区域里非常有影响的一处商品集散地，人员辐辏，烟火密集。清代的行政体制，是都、图（里）、村建制，桂林东乡分为 28 图 175 村，范围大致包括今天的桂林市柘木镇、草坪回族乡，以及灵川县的大圩镇、潮田乡、海洋乡和大境瑶族乡等范围。

中华民国甫立，临桂东乡成立团练，设大圩、熊村两个团练局，下辖 24 团。民国二十一年（1932 年），广西再次进行行政区划改革，大圩设区，区公所设置在大圩镇，为三等区，下辖 11 个乡镇:大圩镇、熊村镇，上慧、大雄、龙福、宣正、万全、柘木、助顺、三滩、草坪诸乡，共 100 个行政村（街），近 3.5 万人口。民国二十五年（1936 年），潮田区划归大圩区辖。民国二十九年（1940 年），即桂林设市那一年，撤销区署，乡直隶县管辖，大圩也就回到“大圩镇”的建制。民国三十三年（1944 年）秋，日军进攻桂林，临桂县政府东区办事处设于大圩，但大圩很快陷落。大圩光复后，广西地方行政区划再次调整。民国三十八年（1949 年）秋，再设大圩区，治所设在大圩镇鼓楼街，下辖老圩街、地灵街、兴隆街、塘坊街、鼓楼街、福星街、泗瀛街、隆安街，以及黄塘、常安、沙桥、上桥、东岸、廖村等。

新中国成立以后，1949 年 12 月，新政府在行政管理上做出重大变更：废除旧的乡、村（街）、甲制，实行区、村二级制。此时，临桂县第一区设在大圩镇，辖 41 个行政村（街）。这时，熊村也设立了和大圩同级别的熊村区，辖 25 个行政村（街）。

1952 年，上级决定，撤销行政村建制，改为区、乡二级行政建制。这时，大圩属于临桂县一区，下辖大圩镇、大圩、上桥、高桥、秦岸、茯荔、敢兴、一德、朱家、潜经、草坪计 11 个乡镇。

1954 年，经中央人民政府内务部批准，撤销灵川县，其行政区划并入临桂县。1961 年，灵川县又从临桂县分出来，大圩、潮田二公社，划入灵川县。

1963 年，大圩镇与大圩区合并，称为大圩区镇。次年，区镇又分设。1966 年，撤区，设大圩人民公社，大圩镇属大圩人民公社管辖。1968 年，大圩镇与大圩人民公社合并，称大圩人民公社镇。

1984年，实行政社分开，废止人民公社体制，设立大圩镇。同年，析出草坪诸村给桂林市郊区，成立草坪回族乡。此后，大圩镇的行政区划才基本稳定下来。

大圩镇现在包括大圩社区、大圩村委、毛洲、茯荔、秦岸、袁家、上桥、高桥、李家、朱家、廖家、崴村、敢兴、西马、南积、涧沙、下张、熊村等18个行政村（社区），每个行政村下辖若干自然村屯，如熊村行政村包括熊村、草圩、大桥山、侯家等自然村，廖家行政村包括毛村、大宅江等6个自然村，上桥行政村包括上桥、沙桥、石渠等8个自然村。

传统的大圩古镇，依靠漓江航运发展起来，它的历史格局，和水运密切地联系在一起：沿着漓江河岸逐渐生长。它的主街，和漓江水流方向完全一致，只有一些小巷子，如叶子的叶脉一样，连着主街，向旁边延伸。它的生长过程，也如漓江水从上游流到下游一样，是从上游的老圩街开始，随着商业活动的逐渐繁荣，渐次向下伸展，最终到泗瀛洲，形成长达2.5公里的沿江街道。大圩圩街的所有商铺、人物故事，也都这样在这条街上展开、消逝。

泗瀛洲上的建筑，最突出的特点是有两个街门和若干风火墙，这些其实都是防止火灾的设计。虽然早在宋代，烧砖技术就已经传至桂林，桂林的石灰岩也很方便烧石灰，但岭南毕竟林木繁茂，桂林是喀斯特地区，取土烧砖不容

大圩街泗瀛洲的老房子

桂北传统建筑的风火墙

易，而此地气候温暖，竹木茂盛，所以千百年的习俗还是习惯用竹木搭建房屋。竹木房屋的好处是方便取材，能够迅速搭建，缺点是漏风漏雨的毛病突出，且易失火，房屋密集的地方，一旦出现火灾，那就是火烧连营的灾害，祸及甚广。桂林城、大圩街，历史上不知出现过多少次火灾。随着一次次的灾后重建，人们也就在生活中总结了防止火灾的经验：房屋的屋脊之间建有风火墙，出现火灾时，风火墙可以阻挡火苗向邻屋蔓延。街道上建有门洞，既便于防盗，也利于防火。

鼓楼街的江西会馆与关帝庙之间那条北向的道路，一直向前就能去往熊村。熊村是靠岸货物主要流向的圩街，

大圩老街

也是周边大多数山货集中到大圩水运的一个重要商品集结点。晚清以后，随着大圩商业的发展，鼓楼街成为大圩八街中最热闹的地段，那些大商铺、中商铺，也多集中在这一带开店做生意。

大圩古镇和别处的乡镇一样，今天也发生了很大的变化，许多的楼房建起来了，许多的新单位新企业也在社会发展过程中建设、成长起来。如今的钢筋混凝土建筑，与传统的土木建筑，不论体量，还是造型，不论风格，还是功能，都有极大的不同。一般来说，当新建筑迅速增加，并且成为一个市镇的主体后，老市镇的传统肌理肯定要受到破坏。万幸的是，大圩镇的新建筑群在空间上是与传统古镇隔离开来的，这使得沿着漓江北岸铺开的大圩古镇，还能保持较好的历史格局：老街依然完整，那些有故事的旧房子、老码头也基本还在。喜欢访古寻旧的游客来到大圩古镇，可以很容易走进历史空间，抚摸那些历史痕迹，感受那些已经消失的故事。

谈到大圩建筑这种将新旧建筑隔离开的布局，必须说一说横亘在大圩古镇前面的那条早就没有火车来往的铁路。

铁路的名字叫桂海铁路，是从桂林站延伸到海洋乡的一条地方铁路。这条铁路，在“大跃进”时期开始规划，1972 年全面开工修建，从桂林站向南，经瓦窑、平山的南站（货运站），过漓江，在漓江东岸设一个东站，为桂林东边的工业企业服务，然后继续向东南方向延伸，直达大圩，在大圩也设有一个小站，叫大圩站，是一个四等小站。修建这条铁路时，还是计划经济时期，那时的大圩基本保存着明清以来的布局：在老镇的主街周边，兴建了一些属于国营单位的建筑，如供销社、招待所、电影院等。这类建筑，比周边的老建筑规模要大一些，个头也高一些，在二三层之间，在视觉上并未对古镇肌理产生突兀的冲击。桂海铁路从古镇的北侧经过，与古镇南侧的漓江共同将古镇挤压在一个紧迫空间内。由于那个时期经济发展迟缓，人们没有觉得这条铁路对古镇发展有明显影响，所以也没有提前规划，为大圩镇未来发展预留必要空间。

21 世纪以来，随着经济迅速发展，大圩镇的规模得到扩大，漓江与铁路之间的有限空间，显然挤压了大圩的成长。于是，大圩新镇的发展规划只好立足在铁路北侧，以大圩至潮田公路为轴，并将北侧通往熊村方向的道路也作为主道，构成一个 T 字形新镇格局。在这个区域内，楼宇高耸，人口密集，商业繁华。也由于铁路的阻隔，现代化发展在景观和建筑肌理上，无法对老镇旧景观造成明显压迫，意外地使大圩老镇风貌得到较好保存。桂海铁路在大圩镇发展空间上的这种阻隔作用，是一个意外的客观效果。位于铁路线北侧的虎岩，就因为没有这样的保护屏障，被各类建筑紧密包围，原有的景观价值已经不再。若追根溯源，工业化和城市化对虎岩的蚕食破坏，其实在民国时期就开始了。

漓江与铁路之间的三角地块基本保持着大圩古镇原貌，铁路北侧则为大圩镇新区

曾经的东乡交通枢纽

▼大圩有若干小河汇入漓江，这些沿河道路自然地以大圩作为汇合点，有利于人员交流、货物集散。

漓江水运的中转站

大圩之所以能够在历史长河中发展成桂林东乡一处重要的商品集散地，是由它的客观条件决定的，最重要的客观条件，就是它的交通条件。

大圩是桂林下游最重要的圩场。大圩有若干小河汇入漓江，这些沿河道路自然地以大圩作为汇合点，有利于人员交流、货物集散，故其贸易能辐射到周边山区、邻县，乃至邻省。大圩往上的漓江段，滩多水浅，冬季无法行船，大圩就成了桂林水运和陆运重要的衔接地。上述两个因素共同发生作用，使大圩成为古代桂林东乡的交通枢纽。

大圩的繁荣，最初是依靠水运生长起来。

漓江从西向东，在磨盘山前转了一个大弯，这个大弯的底部就是大圩。大圩之地，又有黄沙河、涧沙河、潮田河诸条支流在此汇入漓江，成为农耕时代几条沿河而成的古道自然交会之处，这里就很自然地形成周边重要的商品集散地。

黄沙河，又名花江、牛河，发源于距大圩镇约 50 公里处的老雷公殿，一路收纳诸溪水，经花江、阳家、苏家、陶陂洲、马家诸村，在石家渡汇入漓江。沿河有村路可行，沿途村庄可经这些道路到大圩进行商品交换，或者到大圩乘船前往远处。

涧沙河，发源于兴安县西岭背，沿途纳若干小溪，至熊村、上桥，再纳南积水（马河），走沙桥、廖村、西岸、东岸，从大圩泗瀛洲注入漓江，河长约 35 公里。涧沙河流域，有两条古商道，分别从北边的灵田镇和东北的海洋乡通至熊村汇合，再南行到大圩。

潮田河发源于陶涔东山坡，受高塘左支溪水，再纳小平乐、思江诸水及暗河水，经潮田、袁家、秦岸、吕岸入漓江，河长 44 公里，是灌阳洞井、灵川潮田等前往大圩的通道。

大圩的古东、茯荔村，也有古东水汇入漓江，汇水处也曾形成漓江岸边小小的商业聚落。

上述在大圩汇合的漓江支流，尚不足以支持通航，但这些河流滋养了沿河田地，形成了村落布局，因而有了可行之径，是大圩作为商埠得以繁荣的毛细血管。

商品集散，离不开交通支撑。大圩最早的交通，显然是借助漓江航道。但漓江属于山区水源性河流，湾多滩急，行船不易，舟行甚慢，大圩也就成为舟船歇息和补充给养的重要港口码头。

大圩下游，船过磨盘山之后，就是黄牛峡一带著名的三滩、社公滩、斗米滩。

晚清名人康有为两度乘船走漓江到桂林，他经过黄牛峡时，为此地风情所倾倒，称“黄牛滩在桂江上游，为漓江‘三百六十滩’之一，山奇水险，景色绝胜，是阳朔附近有名的风景区”。他在此写有《黄牛滩》一诗：

黄牛山下石矗矗，
缥碧清溪藻荇覆。
空山十里不见人，
但有鸟啼长杉绿。

三滩从滩头到滩尾的河底高程有近 10 米，在以人工为动力的水运时代，这类急滩，只能靠纤夫等负重前行。漓江水流湍急，一只小船上一般就是夫妻两个劳动力，故遇到这类浅滩，往往是结队前行，众人相帮，船上一人或者二人撑篙，其他人在岸上列队拉纤，一只船一只船地往上游拖行，直至越过浅滩。那些纤夫身体都很结实，拉纤时，他们身体前倾几乎伏地，江中的船才能缓慢前行。有时候，艄公甚至会杀鸡放血“贴红”以求平安，这时还会燃放鞭炮以表诚心。

民国时期，当局为了提升漓江的航运能力，请了扬子江水利委员会对桂林至平乐航道的浅滩进行整治，采取构筑丁坝、顺坝、锁坝等方式，集中冬季水流，使之便于航运。大圩三滩、棺材滩，就采用丁坝将水流拦进主航道，加深水位，以助通航。1980 年，航道管理部门再次对航道进行了整治，进行弯段裁角、构筑导流坝等技术处理，使通航条件大为改善。即使如此，我以前在冬季乘船游览漓江时，还是经常听到船底刮到河床卵石的摩擦声。冬季旱情严重时，游船仍然需要改从杨堤起航。这种情形，一直到漓江上游的补水工程投入使用以后才有改观。

漓江上的船也有多种类型，包括上航船、长行船、灰渡船等。上航船船头呈方形，用桨掌握方向，船家多姓廖。长行船船头多采用圆形，有风帆，下航时用桨和橹，上航时则以撑篙和拉纤为主，甚至用绞桶，这类船大的有二十多吨，在以人工为动力的水运时期，这算很大的船了。驾驶长行船的船家以黄姓居多，他们都以船为家，漂泊四方。

清末，美国人盖洛到桂林，乘坐的就是漓江上的长行船。他写漓江的船：船上三个有篷盖的船舱是给我们住的，船舵前面还有一个小的船舱，那是他（指船主人）妻子和孩子的地方。

民国时期，大圩的水运空前繁荣起来，《灵川县志》说“有木帆船 50 只”，加上来往经过大圩的船只，大圩的码头变得热闹非常。这些船只，主要是运货，除短距离的圩场交易的农副产品运输外，主要是将本地农副产品运往上游的省城桂林和下游最重要的商埠梧州，以及将远处的商品运到大圩销售，甚至承担梧州至桂林间的水上运输，

1949 年货运周转量达到 55.76 万吨公里。这些物资包括棉纱、布匹、食盐、煤油、粮食、白果、桐油、陶瓷等。船只多了，相关的市场秩序就变得重要起来。解放前，没有正规的航运组织，船民主要是在运输过程中临时结帮，互相帮衬，难免形成不同帮派，互相牵制。1951 年，大圩成立了船民运输同业公会，次年成立大圩海员工会。1953 年，成立了大圩船民运输协会，后来改为大圩水运社。这些组织，起到了规范航运秩序的重要作用。

现在的大圩漓江水运，货运部分，除了短途运输和赶圩船、渡船，已经基本消失；客运部分，漓江游览最重要的上船码头磨盘山码头就在大圩境内，竹江码头与大圩所辖村庄隔河相望，古镇的竹排游览也在激烈的市场竞争中热闹非凡。

四通八达的水陆网

以大圩为中心，延伸出去的古道包括经上桥、桂局、熊家等村庄通往桂林的通省大道，经熊村通往灵田、高尚、海洋的古商道，走东岸、袁家去潮田的古道，沿漓江通往草坪的古道等。这些古道，连接的是大圩所辐射的市场：那些村庄，将大米、红薯、芋头、竹器以及白果等山货运到大圩，再用船销往远方，从大圩换购食盐、洋布、洋油等用品。今天，那些古道痕迹仍然残留在田野中，我在熊家、桂局等村庄外围就看到那些静卧在田野中由青石块铺成的古道，将一个一个村庄连贯起来。

在时间进入民国以后，广西的公路建设迅速推进。据《桂林市交通志》：民国二十一年（1932年），当时的临桂县（大圩当时属于临桂县管辖）县长黎凤墀力倡修建桂林马坪街（今七星景区内的主道）至大圩的公路，即桂大公路（在桂林至磨盘山码头的公路修建以前，这条从桂林到大圩的公路一直叫桂大公路，现在已经分段取名）。县长倡导修公路，是好事，但那时的政府确实没有钱，所以还是

大圩田野中的通省大道依稀可辨

采取向社会集资的办法来解决修路资金。大圩富商李锡甫积极响应号召，卖了三间铺面，得银 1500 元，捐给了修路工程。在他的影响下，大圩镇大小商户也纷纷解囊。县政府最终筹齐了资金，征用民工，开始施工，将古道扩宽至 7 米，将虎望桥从木桥改为石拱桥，公路修建于次年完工。

上：桂局村老人带路考察古代的通省大道　丁玟／摄
下：青石路面就是明清时期从桂局到桂林的通省大道　丁玟／摄

那时汽车极少，加之桂林到大圩有水运条件，故桂大公路竣工以后，很长一段时间并无汽车行走，只有马车、牛车行走其上。民国二十七年（1938 年），桂林市一些商行看准商机，购置了马车，经营桂林至大圩、义宁、两江等周边乡镇运输，大圩才算有了较稳定的陆路车辆运输。抗日战争年代，上海、南京、武汉、广州等地相继沦陷后，桂林成为大后方城市。因为距离城市有一定距离，可避免日机轰炸，大圩成为后方医院所在地，因此常有伤兵往来，加上一些官员前往伤兵医院慰问，大圩才有了汽车直达。

这条公路，那时虽然少见汽车，却有不少的自行车骑行者借道而行，到大圩来郊游，因为骑行是那个时代的时尚运动。桂林一些青年团体组织联谊活动，就喜欢把大圩列为自行车骑行目的地。1948 年 12 月，中华全国体育协进会广西分会组织了大圩自行车骑行团，骑行者们骑到大圩后，参观了设在大圩的临桂县立一中，请校长介绍情况，然后到大圩市场考察市场交易情况，访问乡公所，午餐后与县立一中举行篮球赛。赛后，一些人骑车返程，另一些人则继续留在大圩，参加晚上的狩猎活动。

新中国成立后，桂大公路上的汽车逐渐多了起来。1950 年，大圩的 13 个商人集资 13 股，共花费了 13 两黄金，购买了一辆美国汽车，用于桂林至大圩间的客运。汽车买回来没多久，因为汽油紧张，股东们又将这辆汽油车改为烧木炭的汽车，往来于大圩至桂林马坪街。但运价相对偏高，无法与水运竞争，经营惨淡，亏损严重，难以为继，开业不久就停业了。直到 1959 年，才有了桂林至大圩的客运班车，每天一班，这时已

參加者二十餘人
單車團前日旅行大墟
環市賽跑體協籌備進行中

本市房屋自……
繳納甚……
逾期不繳房……

1948 年 12 月《广西日报》报道桂林青年骑行大圩的活动

经是国营汽车运输时代了。

我 18 岁的时候，在大圩旁边的华侨农场当农业工人，每周骑着自行车来往于桂林和农场之间，在这条路上奔波了两年。那时的桂大路，在大圩镇铁沙圩至柘木镇龙门村路口之间，还是一个比较大的陡坡，骑车相当费劲。路边新建了一家属于桂林地区的水泥厂，路的另一边则是一座残山，每天被工人点炮炸石，为水泥厂提供原料。有几次路过，赶上那座山马上要放炮，我们会被工人拦下来几分钟，工人怕炸飞的石头伤及路人，所以临时禁止车辆、行人通过。

桂大公路从桂林向东，快到黄沙桥时，有一条支路向右边松林转去，穿过松林前行 2 公里，就到了石家渡。那时的石家渡，已经从黄沙河口东岸挪到西岸，9 路公共汽车的终点站也曾在此，渡口对面就是华侨农场场部了。我沿着桂大公路来到这个渡口的时候，这个渡口不但有人渡，而且有车渡，因为农场的汽车要经过这个渡口进城。

现在的大圩，公路已经形成网络：从桂林到大圩的桂大公路，其主要路段已经与桂磨公路合并，为一级公路。大圩至草坪、大圩至潮田、大圩至灵田等周边乡镇，以及通往各村的公路，通行条件都得到极大改善，即使往各村屯去的道路，也已经全面实现硬化，并且有了乡镇公交，当地居民的出行有了极大改善。桂林绕城高速，在大圩有入口。正在建设中的桂林至钟山高速公路，也经过大圩。

沟通道路的古桥和新桥

桥梁是道路的重要配套设施。广西是多雨地区，河溪纵横，人们出行，少不了要借助各类桥梁涉溪、过河。桂林周边，有很多造型漂亮、文化内涵十足的古桥，近些年，一些小众旅游者以这类古桥为游览对象，并借助自媒体宣传出去，使乡村古桥文化得以有更多机会被城里人所知晓、见识、欣赏。

通濟橋在城東二十里熊家灣康熙九年建
月桂橋在城東四十里臘林村宋紹定間建
馬溪橋在城東三十里尚橋村

清光绪版《临桂县志》对大圩部分古桥的记载

大圩的古桥，可谓数量惊人，其中不乏精品，乃至宝贵的孤品之作，值得喜爱欣赏桥梁的人造访。桂林市科学技术协会的退休干部蒋小榕，10 余年潜心搜寻、整理漓江流域的古石桥，并将这些古石桥分别造册，登记每一座古石桥的桥名、方位坐标、长高宽尺度、桥型工艺等，并尽可能地收集那些保留下来的古石桥的建造年月。如果建桥碑记尚存，他则将这些碑文一并记录下来。在他整理的古石桥名册

大圩镇著名的万寿桥，电影《刘三姐》曾在这里取景

中，大圩镇至今保留下来的，有106座古石桥，仅毛村就有18座！

在古代，极少有官府出钱建桥，一般情况有两种：在重要的交通要道上，官府会号召百姓捐款，由官府出面组织造桥；在一般乡村山野之地，造桥经费和组织工作主要由那些有名望的绅士来承担，或者由绅士出面召集，采取众筹的办法解决经费问题。一些跨度较小的溪涧，则会有热心人，或者在溪涧中间置放大石，以供行人涉溪方便，或者架设竹桥、木桥，解决村人进山、赶圩的过溪问题。这类以竹木为主要建材的桥梁，也有几种：一种是直接将砍下的几根木头，并列置放在溪涧两头。一种是溪河较宽，需要在河床上搭建若干个木架构，再在木架构上用木头或者竹子分段搭建桥面，很多年前，我曾在大圩的石家渡见过这种桥。这类架构的桥，很容易被洪水冲毁，今天已经很少见得到了。还有一种是用石头垒砌桥墩，然后用竹木在桥墩之间搭建桥面甚至桥亭。这种桥型，在大圩也已经消失了。大圩如今保留得最多的，是大石块砌成的石拱桥，包括一孔、两孔，直至五孔、七孔规模的石桥，均有保留。另一种长条石搭建的石桥，因为石材较重，能够很好地抗压、抗水流冲击，所以保存下来的也比较多。

大圩镇南积村委腊林村有一座跨马河的双孔石桥，叫月桂桥，始建于南宋年间，最初是单孔桥，被洪水冲毁后重建时改为双孔桥，是大圩最古老的石桥了。月桂桥两个石孔跨度较大，桥面也宽，因为结合村道改造，多次铺设路面，桥头的建桥石碑已经基本埋没在地下。月桂桥现在是水泥桥面，可过汽车，是大圩镇上仍然发挥着交通功能的少数古桥之一。

西马村委下村小河上的西马阳龙桥，是一座桥亭结构的古石桥，始建于清康熙年间，是周边乡村去大圩的必经之路。比较有意思的是，它的桥亭并没有建在桥上，而是建在桥头，形成一桥一亭的结构，其中，石桥长近 11 米，高 4 米余，为单拱形，两边有石阶，桥东为青砖长方形桥亭。桥亭呼应，颇有古趣，是一座很入画的古桥。至于在功能上为什么取这样的造型，尚不得知。

上：黄福塘双孔桥

下：月桂桥，据说始建于宋绍定年间

朱家村的村舍旁，有一孔很袖珍的单孔石桥，跨度不到 2 米，建造质量却很工巧规整，石块之间严丝合缝，很见匠心。这座石桥虽小，却是明代正统十三年（1448 年）的建筑，迄今有 570 多年的历史了。这座小桥，由一对信士夫妇捐资建造，建桥碑记清晰完整。

牛河畔的赵家村，有一座跨江的古石板桥，共有 18 墩 19 跨，总长度约 50 米，全桥均由不规则石块砌成，据专家考证，大约建于清中晚期。这座桥，一长溜的青石板借助石墩，首尾相连，贴近水面，若遇平流雾天气，行走于这桥上，一定有飘飘欲仙的感觉吧。石板桥在造型和工艺上不太讲究，却是村民来往于牛河两岸的重要通途。

上桥村有两座古桥，其通行功能早就退化，但在游客的追逐中观赏功能渐渐凸显出来：靠近山脚那座桥，叫上桥，建于明代，横跨马河，是桂林东乡通省大道的重要桥梁。徐霞客便走过此桥。上桥下游与涧沙河相汇处附近，则有建于清代乾隆年间的关龙桥，关龙桥前有关帝庙，故得此名。徐霞客造访桂林时，这座桥还没有修建，所以没有出现在徐霞客的游记中。今天的游客去上桥村游玩，最先关注的则是这座如断桥一般的关龙桥，因为它位于村口位置，和村头的关帝庙，以及桥头那株古樟树，构成了一个完整的古景画面。

大圩的一些新桥，也具有很高的景观价值。

桥梁的核心功能，是沟通两岸往来。大圩境内，最重

大圩镇西马村委下村阳龙桥

村头的关帝庙和关龙桥均建于乾隆年间

要的连接江河两岸的桥梁，当然要数桂磨公路上的石家渡大桥。

石家渡大桥，又名桂磨大桥，位于桂林华侨农场原石家渡渡口处，桥长 361 米，是前往竹江码头和磨盘山码头的重要通道。这座大桥建成以后，从华侨农场进城，就再也不需要通过摆渡了。

对于喜欢摄影的人来说，石家渡的最大价值，不是通行功能，而是夕阳西下时，站在大桥西侧人行道上观赏漓江落日景观。桥梁距离水面的高度足够合适，桂林市区及近郊，没有比这儿更合适的落日观赏点了。每天日暮时分，这里都会有许多手持各类相机的摄影爱好者，他们将镜头对着远处奇峰镇方向，选择合适的时机，按下手中的快门。

/ 没有火车的铁路 /

今天到大圩旅游的客人，如果足够细心，就会发现这座古镇里居然有一条已经废弃的铁路！如果你是骑行到大圩，大圩骑行道中有相当长一段，是与这条铁路并列而行的。

这条铁路也是有历史故事的。

抗战时期，桂林作为一座大后方城市，有许多专家也到此落脚，为这座城市的发展作了些贡献。一些地质工作者在大圩东边的海洋圩小界岭发现了赤铁矿。那时，铁矿可是非常重要的战略资源，这个发现很让人兴奋。不过，

上：石家渡大桥上看夕阳　　　下：石家渡大桥

囿于战争形势，当时没有能力对这个铁矿进行开发利用。1958 年是我国历史上的大炼钢铁时期，桂林人民对海洋铁矿寄予了很大的期待。这年 9 月，桂林专区成立了桂海（桂林至海洋）铁路修建委员会和总指挥部，这条铁路的建设开始进入实质性推进阶段。按照设计，桂海铁路从桂林站向南引出，在瓦窑附近过漓江，然后伸向大圩方向。为了修建这条铁路，地方政府组织了近 2 万名民工，开始大干快上搞铁路建设。次年，人们对经济建设有了一定认识，大炼钢铁被停止了，桂海铁路也因国家缩短基建战线的政策而停工。1961 年，位于瓦窑的桂林电厂扩建，煤炭运输压力增大，于是利用桂海支线铁路的路基进行铺轨。1966 年，铁路和地方部门又联合利用已经建好的铁轨在平山建了大型货场，即桂林南站。1970 年，自治区决定桂海铁路复工建设，桂林地、市又组织了 1.3 万名民工开赴施工现场。至 1972 年，桂林至袁家村（位于大圩东）的铁路竣工通车，铺轨 26 公里。正当指挥部准备修筑袁家村至小界岭段的铁路（路基早就修好）时，地质队的最新勘测报告说：小界岭铁矿的矿石不具备工业开采要求！这样，名为“桂海铁路”的这条铁路支线，实际上只是“桂大铁路”。

在桂海铁路兴建时期，桂林市也在东郊靠近桂海铁路的地方建立了工业区，包括轮胎厂、电缆厂等企业都在这里落脚，东站也发挥过一些货运作用，但大圩站的作用就很小了。铁路投入运营以后，有一段时间，这条线上每天

大圩火车站

最多跑一趟火车，拉着两三节车厢，毕竟那时是短缺经济时代，大圩可用铁路运输的货物不多，只有一些季节性的大宗农副产品。近 50 年前，我还是桂林华侨农场的青年工人时，这条铁路刚开始办理货运业务，我们的电影放映员从桂林取电影拷贝乘坐拖拉机返回农场，在经过无人值

守的铁道岔口时，拖拉机竟然被经过的火车撞翻，放映员飞了出去，受了重伤，幸好保住了一条命。

因为汽运的竞争，本来就没啥业务的桂海铁路，就更没有业务了。2014 年年初，南宁铁路局宣布：桂海铁路无限期停止桂林南站至东站的业务。这样一来，这条铁路的运输使命就告结束，我们再也不能在这条铁路线上看到火车了。在本书写作调研中，我特意去那个“大圩站”的站房看了看，那里已经改成一个棋牌室，逢下午开放，站台则成了一个简易停车场。

1997 年，我在雁山区政府任职分管经济工作时，就想起了这条已经荒废了的铁路。我提出了一个设想：把草坪回族乡打造成独特的乡村公园，利用大圩铁路，组织游客从桂林乘坐最古老的火车到大圩，在大圩古镇游玩以后，换乘马车到草坪的碧岩阁村、潜经村、明村、渡船头、河泊源、大田村等村落去感受中国南方典型的喀斯特乡村风情，该多么好！我把自己的想法写成建议，投给了《桂林日报》，报纸也刊登出来了，但并没有人响应，一个浪漫

大圩风景

而独特的旅游项目策划案就这样“胎死腹中”。很多年后，本地报纸上发了一则消息，说有关部门要把桂海铁路打造成旅游铁路，可惜这消息也止步于一个美丽的肥皂泡！现在，桂海铁路已经不复完整，跨漓江的铁路桥也已经成了危桥，这条铁路已经不具备使用价值了。不过，如果地方政府有机会发展轻轨交通，桂海铁路就具有重要的轻轨资源价值呢。

商业图谱

▼大圩处于漓江重要节点上，在历史的长河中生长出自己的商业图谱。

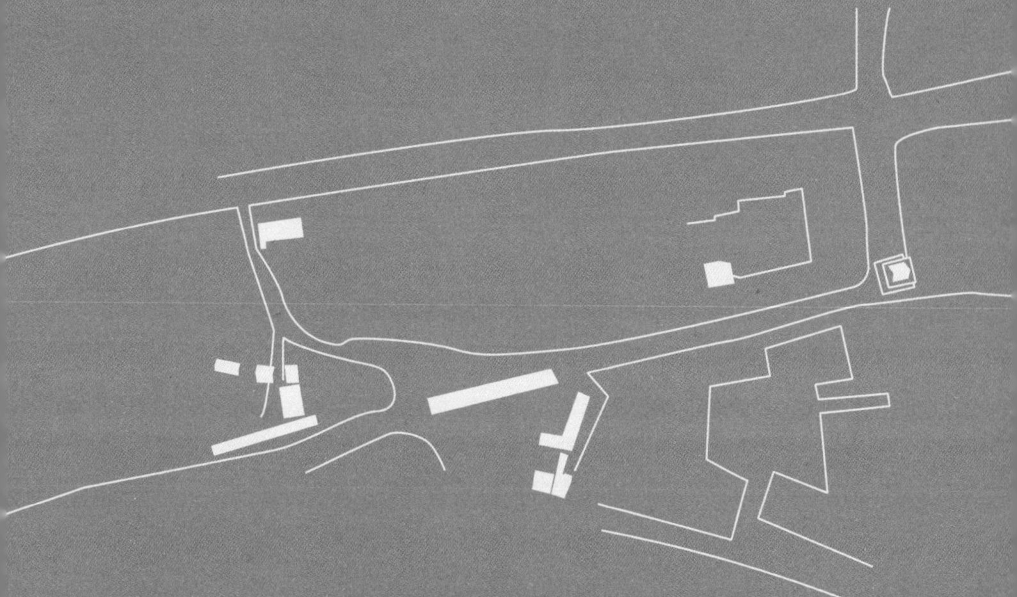

独特的商业交易：盐业

在古代水运时期，漓江上游是省城桂林（在历史上，桂林长期为广西省会），下游是广西最重要的港口梧州，这就决定了漓江是一条繁忙的河道。早在明代，葡萄牙人就注意到："在这条通往广州的河上，大大小小的船只川流不息，运载着当地所缺的食盐、咸鱼、胡椒和其他东西。"

谈论大圩的商业图谱，有一样绕不过去的独特商品，这就是盐。

旧中国的历代政府，都非常重视盐业的生产和销售，原因说起来很简单。从消费终端来说，盐是人们生活的必需品，而盐作为原料性产业，其生产有突出的地理特征：或是东部海盐，或是西部井盐（湖盐），多数人口稠密区并不产盐，却需要大量的盐，这就需要解决盐的长途贩运问题。在古代交通极为不便、社会治安问题突出的环境下，官方才最有条件组织盐的分配调运。可以说，盐是历史最久的计划经济产品。因为盐的这个特点，盐税也就成为官府除农业税之外最容易征收的税源，且此项税源非常稳定，是财政收入的重要组成部分。早在西汉时期，就有桓宽所著之《盐铁论》，记录了御史大夫桑弘羊倡导的盐铁专营、酒类专卖等重大财政政策的一次历史性讨论。那次讨论的结果，就是实行盐铁专营、酒类专卖。宋人周去非在他的《岭外代答》卷五《广西盐法》一章中说："自南渡以来，广西以盐自给。宣和五年，已诏广东、西路，各置提举官，岁卖盐固无定额，至是漕司乃得取其赢余。绍兴八年，诏二广盐，通行客钞，专置提举一员于广州，尽领两路盐事。又以西路远阔，又令广西提刑兼领西路盐事。时杨么扰洞庭，淮盐不通于湖湘，故广西盐得以越界，一岁卖及八万箩，每箩一百斤，朝廷遂为岁额。"盐的调配供给，也是历史上中央集权政府对边疆少数民族羁縻政策的一种重要手段。广西盐经营范围甚至越界至湖湘。大圩自宋开始，业已成为食盐转运的重要商埠。周去非又说："旧法，广西盐户纳盐一箩，官支本钱一千八百足，后为官吏侵刻，止支二三百，今实支一千足，官截取八百足，谓之存留盐本钱。"可见官家从盐业专营中收获满满。

由于利润丰厚，不少人经营私盐，成为古代严重的违法问题。清代桂林诗人李宗瀛在《私盐叹》一诗中就曾感慨："小舟三板飞轻梭，私盐满载逾千驮。私盐值贱色转洁，售者既众来者多。何来官舸高嵯峨，昼江巡逻筛沙锣。大船出钱径贿放，老板洗脚操置歌。小船无钱不得脱，三尺法网撄祻罗。"大圩水运发达，走私盐自然难免，官方在大圩设立盐运水利分府，就毫不奇怪了。

我在桂局村访谈中了解到，桂局村廖姓始祖自南宋便从广东到大圩经营盐业，逐渐有了积累，在桂局村买田置业，安顿下来，繁衍生息，渐成村落。桂局村一个家族的生息繁衍历史，证明了大圩自宋代已经开始了以盐为核心交易商品的商业兴盛。

大商号和小商贩

大圩至迟在宋代就已经成为圩市，那时体现出的是小农经济时代的商业形态：售卖农副产品和手工制品，满足那个时代大圩周边的商品交换需要。那时的商业规模，只能是西门庆式的店铺加上武大郎的担子，自生自灭、新陈代谢。遗憾的是，由于缺乏更多的史料，我们现在能够了解到的大圩商业史，主要是清代民国时代以来的情况。

清代，大圩有了清真寺，有了湖南会馆、广东会馆和江西会馆，还有了灵川会馆。这些公共空间，从一个侧面说明，大圩有很多南来北往的客商，他们需要有自己的社交场所。

到了民国，大圩拥有商号的铺主，就有所谓的“四大家”“八中家”“二十四小家”，没有商号的小业主数量更多，总数达到 300 多家。这里所说的“大家”“中家”“小家”，不是随便说说，而是以经营资本作为衡量标准的。根据缪安林收集整理的桂林市商业史料，1927 年，大圩首富黄源顺经营资本达 50 万元（指银圆，下同），经营资本 10

万元至 50 万元的有广昌均、裕和昌、廖忠源几个商号，它们被合称为“四大家”。经营资本在 3 万元至 5 万元的，则有“八中家”之称。不过，“八中家”的商号名称已经不尽确切，按照曾桥旺、廖明志的说法，有刘聚兴、秦巨利、周巨丰、曾生昌、刘荣昌、锦华源、周信泰、成记等商家。经营资本不到 3 万元的，被列为“小家”，有商号的餐馆包括省香居、日新来、秦光明、小桃园几家。

余下的 260 多家小商贩，属于“无号”规模，是那种一副担子（比如馄饨）、一个摊子（修补）、一把椅子（理发）之类的微小经营。民国时期的大圩镇上，有 32 家理发店，其中，门店、流动理发摊或圩场设点各占一半。餐饮小吃虽是圩场上不可或缺甚至重要的商业服务，却还无法列入上面的“小家”行列。大圩聚散能力强，往来旅客众多，圩上还有餐馆夜市，这显然是为了满足那些旅客的需求。

大圩的市面繁华，也可以从另一个侧面反映出来：由于圩场交易规模大，客商往来多，1941 年，大圩的饮食摊点已经有二三百个，棉布商兼染织 20 家。这个时期的大圩，还建立了消费合作社，每股股金国币 5 角，社员入股，购买食盐、洋油等享受优惠价格。对社员来说，除了享受消费优惠，还有分红机会。这种经营模式，甚至比今天很受宠的山姆会员商店的经营设计还有特点。所以，这个消费合作社成立以后，很受欢迎，相继在熊村、草坪、潮田、海洋、毛村等地成立了代销处。

从上面的叙述可知，民国时期，大圩镇的商业资本密集度已经不可小觑，商业交易不输许多县城。大圩居民，除了经商以外的其他人家，或者耕田种地，或者在商铺码头出卖劳力，或者受雇于商铺帮工为生，形成了规模不小的小有产者和无产者阶层。

民国时期大圩“四大家”中，“黄源顺”店主是黄秋波，“廖忠源”店主是廖德仁，“裕和昌”店主是李锡甫，“广昌均”店主是高广昌。据曾桥旺、廖明志的研究，这四家都经营土特产，即经营大圩周边出产的大宗农副产品，如白果、山货、桐油、黄糖、花生、茶油、黏米、药材、皮张等。此外，除了“广昌均”兼营布匹（这是近代商业经济中获利较高的行业），其他三家均兼营“水面行生意”，即水路运输。一手经营土特产，一手经营水上运输，实际上是把土特产的供需以及洋货的进出都抓到了手里，如果资金足够、信用可靠，这份生意是相当稳定且发展较好的，这也是他们逐渐成长为大圩“四大家”的主要原因。

从资料上得知，民国时代，大圩商业排名靠前的四家中，有三家做水面行生意，排名靠前的十二家中，有七家做水面行生意，排名靠前的三十六家中，则有十二家做水面行生意。可见，能否有本事做水面行生意，是大圩商家实力的重要体现，或者换一个说法，做水面行生意是增强实力的重要手段。

做水面行生意，需要有船。形单影只的船，不但运不了多少货，而且在漓江上势单力薄，遇到问题也难以处理。所以，漓江上跑长途运输的船总是结队出行，结伴泊岸。船只多了，总要有各种分工：挑头的、管事的、发号令的。“四大家”旗下的船只，当然是最多的，他们或者自己结队出发，或者与其他船只一起成队发船，江面上，帆樯如林，不但成为一道风景，也让船上人家有自豪感和安全感。周巨丰、周裕和等商号，还有武装押运的护商队。出于安全考虑，有些跑单船生意的，就会加盟到有实力、名气大的商号船队中。据说，“裕和昌”旗下有 130 多条船。从李锡甫的实力判断，他尚不足以购买这么多船只，不然在临桂县政府号召士绅捐款修建桂大公路时，也不至于要出售三间铺面来捐款了。他名下这支“浩浩荡荡”的船队，有不少船家自带船只加入他的运输队伍，以解决货源和安全问题，同时解决信用问题。这种模式在今天也可见，出租汽车公司形成经营网络，出租车司机自带车加入，这是一个道理。

大圩商人，许多来自湖南、广东、江西，也有本地的商业成功人士。“四大家”之首的“黄源顺”，老板黄秋波，有人说他是粤商，有人说他是大圩毛村人。这两种说法其实并不矛盾，因为毛村黄氏本来就是从广东迁来的，他们做生意的主要市场是广东，与广东人攀老乡是很正常不过的事情。“广昌均”的老板高广昌，是湖南来闯世界的商人，自然也是经常出现在湖南会馆的重要人物。

历史上，商埠之地都有开放的文化意识，大圩自然也不例外。客商来自各地，且都能在大圩站稳脚跟，发展起来，说明了大圩的包容性，而包容性是商业得以健康发展的重要环境条件。据史料记载，民国时期的大圩商号经营者，接近一半是外省人。

大圩的“中八家”，主要经营榨油（包括茶油、桐油等）、烧酒、杂货、粮食加工、染坊之类的业务，即手工业与商业混合模式。这类生意，有一定规模和实力，属于“前店后厂”模式或“产销一体”模式，但因为缺乏品牌支撑，

大圩街上的这类小摊总是能够吸引各类旅游者的关注

一般是“地产地销”，难以做大，只能维持在中等水平的经营规模。

“二十四小家”，多经营杂货、糖果、糕点，餐食如馄饨、米粉之类，能够维持生计，在当时的经济水平条件下，算小康之家，难与人斗富，但他们的产品与服务，深得本地消费者的赞许，能够使经营维持下去。我在华侨农场的工友王小玲，在说起大圩时，就不禁感慨万千：“我喜欢大圩古镇，喜欢它的码头，喜欢它的青石板街道，喜欢街道两旁的木制结构的老房子，更喜欢儿时母亲带着我们去那儿赶圩时，喝碗鱿鱼干头菜粥，吃凉粽裹白糖的味道。特别是卖鱿鱼干头菜粥的那家粥店，是镇上唯一一家卖此味的粥店，后来在桂林我也没见过这样的粥店。那个美味让我记忆终生，好多次，我都按照记忆中的味道试着做，就是做不出来！”

/ 刘士祯的“老四馄饨” /

我愿意在此讲一个甚至没有列入“二十四小家”的小贩故事，以丰富大圩的商业文化内涵。

民国年间，兴安县崔家乡有一名叫刘士祯的年轻人，经高尚、长岗岭、灵田、熊村，到大圩落脚。他选择到这里寻找生计，显然是听人介绍，大圩客商多，有商机，生活又不似在桂林那般有压力。

刘士祯在地灵街住下来，以售卖馄饨为生。每日清晨，买了猪肉，加少许牛肉，拌成馅，擀了馄饨皮，将馄饨包好，然后挑着馄饨担子，沿街叫卖。担子的一头是包好的馄饨和碗筷，另一头是炉火和锅。据刘家女儿说，一天的生意（指营业额）大约相当于两担米钱，扣除成本，那收益对小生意人来说，也算知足。两年下来，刘士祯终于攒下一笔钱，在社公码头边盘下一间小屋，兼做门面和住所，生意也渐渐稳定下来。刘士祯在家排行老四，故大圩街上叫他“馄饨老四”，他的馄饨铺也没有取商号，人们就叫“老四馄饨”。

老四通过卖馄饨，在大圩娶了妻，生了孩子，把母亲从兴安接过来，让母亲帮助照看孩子。“老四馄饨”也逐渐有了名气。

刘士祯在大圩卖了 13 年馄饨。在这期间，他的母亲在大圩病逝，安葬在虎岩旁的坟地里。

刘士祯在大圩通过卖馄饨挣了些钱，就想到桂林发展。于是，他携妻带子，到了桂林，在定桂门旁边找了房子住下来，继续卖馄饨为生。

没想到，抗战爆发。这时的桂林，总是被日军轰炸，社会很乱，生意难做，房价飙升，日子过得很苦。

1944 年夏，日军南下，桂林势危，当局下达了紧急疏散令，要求全城百姓，离城避乱。刘士祯让妹妹将 7 岁的二女儿送到大圩，安顿在原来的邻居家，自己和妻子带着独子和大女儿仍然在桂林坚守。毕竟，家在城中，虽穷却难舍。这样，有几个月的工夫，刘士祯的二女儿全然不知自己的父母在哪里、做什么，只是很懂事地借居在别人家中，过着贫穷且担惊受怕的日子。

刘士祯为二女儿借居的那一家，主人姓周。从桂林逃难来的方向，大圩街上石板路开始的地方，就是周家的居所。这家人有临街铺面，与刘士祯原来在大圩的馄饨铺对门。

那时的大圩码头上，尽是装卸的货物，包括木制品、农产品之类，也有一些简单的工业品。刘士祯借居在大圩的女儿仅 7 岁，全然不知桂林城的紧张，只是偶尔地，从大人们的言谈中略知一些情况，于是有些不安，开始想念在城中的父母兄姐，担心他们的安危。

又过了一段时间，随着乱糟糟地从城里撤出来的人群，刘士祯夫妇终于从城里赶来。原来，情势更紧张了，城中除了守军，居民已经完全撤离了。

刘士祯一家到大圩落脚不久，有日军从灌阳经大圩向桂林方向进攻。刘士祯及其家人，随大圩居民一起，沿古道向熊村方向逃命，那个方向是深山，好躲藏一些。没想到日军也到了熊村。刘士祯和家人跟着当地村民躲到熊村旁边侯家村的山上石缝里，本想等日军过去后再下山，谁知一同躲避日寇的村民中有一个是精神病人，见日军列队从山下经过，以为是在玩捉迷藏游戏，就从石缝后面站起来，挥舞着手中的斗笠朝山下大喊，结果日军就包围过来，一起避难的人均被日军捉住。刘士祯被日寇抓去当挑夫，趁夜色逃脱，几天后才找到家人。

桂林光复后，刘士祯一家人没有再回到大圩生活，而是在桂林定居下来。像刘士祯这样漂泊而来，又在战乱中离去的小生意人，那时的大圩不知有多少，他们的经历，打上了那个时代深深的印记，他们不在大圩人口口相传的那 300 多个商贩名字中，但他们曾经是这里的居民，在这里度过了难忘的岁月。

2007 年，小贩刘士祯的三个女儿重访大圩，找到了当年的住所

2007年年底，刘士祯的三个女儿，在晚辈的陪同下来到大圩，寻访以前的邻居，居然还真的找到了那位周姓家人。两家人的回忆对话，让以前的场景变得清晰起来。周家80多岁的老奶奶（娘家姓廖）还叫得出刘家女儿的小名，对刘家二女儿说："是你三姑把你从城里送来，叫我帮照看。几天过去，你家大人也没有过来，你就急了，我还哄着你呢。后来，你一家人才匆匆从城里赶来。你还记得不？你哥摔到塘火里，脸被烫伤了，老街坊用芋头揉碎了，拌三花酒敷在烫伤处，才治好不留伤疤的。"她又问刘家大女儿："我记得我问你，说你什么都吃过了，你家是卖馄饨的啊，吃过的东西多啊，问你还有什么没吃过。你说还有西餐没吃过。"刘家几个女儿笑了起来。

/ 秤杆子 /

好几个大圩人曾自豪地对我说：别人都认为，想在这世界上混得好，要懂枪杆子、笔杆子。我们大圩人，主要是玩秤杆子。

历史上，大圩人去博取功名的并不多，更多的人愿意做生意养家，这可能是大圩码头的商业氛围所致吧。

漓江沿岸，除了昭平、平乐、阳朔这样的县城，圩镇并不少，有一些圩镇的地理条件比大圩更好一些，比如兴坪、福利、长滩等，但在商业盘的发展上，大圩却能独树一帜，这与大圩人懂玩秤杆子有重要关系。

商业是图利而生的行业，商人谋利是天性。如何谋利，却要与人性相吻合。这里说的“人性”，更重要的是讲消费者的人性。如果经营者唯利是图，没有远见，那生意是做不久的。商业术语中有一句话叫“薄利多销”，其实蕴含着很深的经营哲学：不但要让消费者能够花更少的钱，而且价格上要比同一市场上其他经营者的价格低。这样一来，如何获利呢？一要控制自己的经营成本，二要建立自己的商誉。古人讲“仁义礼智信”，商誉就是“信”。这个“信”虽然排在最后，却是商人的立足之本。古代商人讲不出“商誉”这两个字，但他们为自己的店铺取商号，其实就是冲着建立自己的商誉而去的。一个商号，如果在消费者口中老是被非议，这商号就离倒闭不远了。

大圩的商铺，占着码头的便利，可以做批量采购和销售的生意。采购山货时，一条街上有多家商行都做相同的营生，你的收购价肯定不能低于别的商铺，否则就没人卖货与你。你当然也不能在秤杆子上耍花招，毕竟都是常年持久的生意，靠克扣斤两发财，那是死路一条。唯一的办法，就是尽量把批量做大，尽量赶最好的行情。最重要的是，这些商家把采购来的山货送到销地以后，要能够尽快在合理的价位上出手，还要能够在销地及时采购适销对路的商品回来，这样可以解决返程的费用，且能再挣一笔。这样的大笔双向买卖，要求商人有市场敏感性，对市场行情非常稔熟，还要有杀伐决断的性格。李锡甫本来是“黄源顺”的伙计，因为脑瓜子灵活，又敢扛事，被东家派到梧州当经理，此人胆大豪放，在生意场上交的朋友多，东家的商业资源逐渐演变成自己的商业资源。由此，他有了另立山头的本钱，成为大圩“四大家”之一。

能够跻身“四大家”，当然不能仅靠大圩码头上的零售生意，批发才是迅速生财的路径。做白果要懂白果市场，做桐油要懂桐油市场，做布匹要懂布匹市场，做煤油要懂煤油市场。仅仅懂得市场行情还不行，还要有信用、有感情、有手段。比如，白果初下树，要尽快运到销地，才能抢到最好的档期，获得最好的收益。当你收购的山货远途运到遥远的梧州，那边的进货商忽然压价，你可能就瞬间破产。如果你和对方已经是知己朋友，对方就不会出损招。如果对方是心黑手辣之人呢？你要有办法“治”他。另外，你在销地要有更多的商界朋友，才能确保自己不被入坑。货物在途中遇到强盗土匪怎么办？有时要靠官府惩治，有时要靠自己摆平，有时要靠众商船齐心协力对抗。

大圩既然是繁华之地，难免就会出现一些小混混、一些欺行霸市的人。现代社会是法治社会，社会治安管理和市场管理都有严格的法律条款和执法机构，市场稳定得以维持。在古代，应该如何解决这些扰乱市场的行为呢？一个陌生的客商来到此地，怎样才能不受欺负呢？这是一个让人感兴趣的问题。

鉴于大圩商业繁盛，清嘉庆六年（1801年），政府在大圩设立了桂林府盐运水利分府，对大圩的市场秩序行使管理职责。这个盐运水利分府成立伊始，便告示地方：严禁招摇撞骗，以靖地方，以安民业。署内之日用，均照市价“现钱发赏”，书差人等，不得勒索、不得渔利。如有人以分署名义渔利欺民，决不宽贷。这则告示，文字不多，但对市面上各色人等提出了“严禁招摇撞骗”的要求，也对官府成员提出了“不得勒索渔利”的要求，还明确禁止有人借分署之名谋取私利。

码头上船多人杂，一些混混占据码头欺负客商旅者，坐地开价、偷盗货物、夺取钱财、强买强卖、垄断市场的事，时有发生。码头搬运工团之间为了抢生意也常发生斗殴之事。为了地方清明、市场有序，盐运水利分府与地方团绅、客商代表商议确定：“本分府会同省河水师，当即传上码头廖佛林等五十九名、下码头麻四九等四十四名，取具和好，以后各照章程，上下不敢混挑，不得假故挟仇。如有混乱领挑者，公同议罚，送官究治。若有遗失客货者，照价赔偿。有勒索挑力钱文，查出一律照议等罚。”上码头包括寿隆寺码头、青帝庙码头、清真寺码头、社公码头、石矶码头、大码头、渡船码头和狮子码头计八个码头，下码头则包括塘坊码头、五福码头、秦巨利码头、鼓楼码头和卖米码头计五个码头。官府还将搬运货物价目表刻石立碑于码头上，供客商知晓，以免受骗。在上述管理体制中，分府与省河水师，属于官方力量，地方团绅和客商代表则属于社会力量的自我约束。

大圩大码头通道口，至今仍立有一块清咸丰六年（1856 年）的石碑，是念四团（二十四团）总局酌定码头挑货力钱告示。立碑的主体叫“团”，即当时由清政府支持的社会基层自治组织。大圩被临桂县编为第二十四团，团的管理机构叫“总局”，由他们对码头挑夫价钱给予确定，是因为当时的士绅们发现，由于一些混混在码头交易中或者欺行霸市，或者坑蒙拐骗，已经让客商望而却步，直接影响了大圩市场交易，于是制定出这样一个规则。告示说：

> 念四团总局为酌定挑货力钱事，历查大圩旧日章程，乾隆、嘉庆年间，凡挑客商、铺户货物力钱，每担不过三文、四文，即道光三十年内，亦递增至五文、六文而已，迨咸丰数年以来，竟有勒索至三十文、五十文者，殊属过取。过取则客商裹足不前，圩市寂寥，贫富皆为其困。今会同团总、客商公议，不论主客，不拘在地、在楼、三层四进，由铺挑货至船，每百斤酌定力钱八文，由船挑货至铺，每百斤酌定力钱九文，或远一码头者加钱一文，远二码头者加钱二文。似此商民两便，主客咸宜，贸易者毋容任意增减，挑抬者不得恃强勒取，将见返朴还纯，同敦古道，熙来攘往。日前虽遭兵燹之灾，坐贾行商此后转覩兴隆之象。况由勤致富，苦

者可以得甘，积俭成家，劳者可以获逸，安见挑抬者终于挑抬耶？切切此谕，各宜属遵。

一各店装货下船，每百斤给力钱八文，起上铺者给力钱九文，远一码头者加力钱一文，远二码头者加力钱二文。河下将货过船，每百斤给力钱三文，抬大包、大篓货物，每百斤给力钱八文，照算。

一挑各货时必由铺户、商客验明筹码，看验箩皮方许挑货，不得喧哗。

一挑抬者不得三五人私议不挑某家之货，倘有不遵者，革出团外，永远不准挑抬。

一出货时，人人皆准挑抬，不得恃强霸住。

一铺户出货，必由户主先称箩皮，后到者不得掺箩强挑。

一挑抬者不得遗失客货，倘有此情，革出，记不准挑抬。

一谷米价涨，不得三五人私议，遂鸣锣阻关。必须会同各团公议，酌定可否，方可阻关。各村仍须照常到圩买卖，不得因阻关遂私议不准出村。

一议定谷米不准下船之后，如有奸贿嘱挑夫黑夜将谷米私自下船者，查出重罚。有确知奸商情弊来报者，△团议赏。

以上八条，均由本局悉心斟酌，各宜凛遵。有抗违者，定行重责不贷。

大清咸丰六年风次丙辰孟夏月谷旦立

这份告示，对于研究清代中国经济史的人来说，也有极高的文献价值。它至少说明了以下几点。

第一，市场的繁盛或者萧条，直接影响着民生。这个道理，古人也懂。

对于传统的中国管理模式来说，价格是由市场自发形成的，但若某种力量控制了市场需求或者价格，形成垄断，就会对经济造成伤害。如何解决这个问题，上层官府并无关注，或者说本无良方，但基层政府部门和社会自治机构没有坐视不管。从这个告示的内容来看，主要是约束当地市场的规范和劳动力供给秩序，为客商提供良好的市场环境，而不是拿捏客商。

第二，讲程序、讲公正，需要预先制定相关条款，然后以安民告示的方式让相关人知晓，相关规定执行起来才会顺当。

第三，谷米价涨，确实是影响民生的大事，相关远途贸易应考虑此因素，但不能由少数人决断，而应采取公议之法，才能有效关照各方利益。

在过去那种经济条件落后的情况下，交通设施的改善非常不容易，主要靠有经济实力又愿意积善的乡贤捐助，才有条件做一些铺路架桥的工作。大圩街上著名的万寿桥，以及已经消失了的万福桥等，就是这样筹资建造的。在农业经济时代，乡村里虽然也有许多小殷实户，但大富户是少见的。这样的桥梁道路完工以后，在很长时间内就不会再有维护能力，久而久之，桥崩路坏，是很常见的现象，维护路桥，亦需要集众人之力，或者有实力的乡绅担纲。北伐胜利以后，新桂系在广西拥有了绝对控制权，广西各地的面貌有了较明显的改变，包括经济、社会都有明显发展，城镇面貌也发生了变化。这些变化，固然有新桂系的治理理念在起作用，但更多的是得益于广西人的吃苦耐劳和奉献精神。

大圩在历史长河中发展成桂林城东的重要圩镇，产生了一群有实力的富商，这些富商不论从处理与乡亲们的关系，还是从维护自己的商誉形象来说，或者受传统文化中行善理念的影响，都会做一些力所能及又可惠及众人的事情。遗憾的是，这些带头做善事的富商的名字，一般只出现在各村祠堂的碑文里，即捐款碑文中名列最前的那几位。大圩街上的这类善事，由于那些记事的石碑已经消失，基本只流传于口头故事中。

“黄源顺”是大圩首富，老板黄秋波是本地人，他通过在圩上没日没夜做包子出售，获得第一桶金，他深知贫苦的滋味。遇灾年，黄秋波就在圩上架设粥棚，为缺少食物的乡亲们赈粥。赈一餐粥，花费不算大，但持续赈粥，就要实力支撑，还要内心真的慈善。黄秋波坚持架锅赈粥，固然有实力的支撑，但更有发自内心的善意，当然也有和气生财的意图。

“裕和昌”的老板李锡甫，原本是在“黄源顺”打工的，后来摸着了生意的门道，自己出来做，因为脑子好用，胆子也大，是个很懂得行善的商人，生意就越做越大。有了钱以后，他一个人出资，将大圩主要街道，从地灵街到鼓楼街大约 800 米长的路面，全都铺上大块青石，且将排水沟压在石下，形成暗沟，以增宽路面，又有利卫生。在他出资重修街道之前，大圩的主街道路也有铺设，但每一段铺设的材料、质量各不相同，尤其是年岁久了，路况变差，不便负重做生意的人行走，李锡甫才有了花钱重修道路的想法。这类工程，耗资巨大，前人一般是通过社会筹资才能逐渐完成，李锡甫“财大气粗”，一掷千金，一次性将主街道路全部铺设一遍，也确实有利于提升他的商誉。那个时代，岭南人普遍喜欢穿木屐（木拖鞋）行走，傍晚，西垂的落日将余晖投射到古老的街道上，入夜，行人的木屐敲打着青石路面的声音逐渐消失，街道安静下来，各家各户的灯光也逐渐熄灭；清晨，这木屐声又渐次响起，朝晖从另一个方向映照着古镇，晨炊也开始弥漫在街巷里。那弯曲望不到头的青石板路，真有点像钢琴的键盘，跳出不同的音符，组成不同的乐曲。

今天的游客，已经不知道李锡甫其人，更不知道“裕和昌”这个商号了，但都会注意到古镇里这条已经被岁月踩得发亮的青石板路。

更多的善事，是由小商贩等集众人之力做成的，比如会馆的建设，需要大商家牵头燃火，也需要同乡客商们抱

李锡甫故居（靠大码头巷道口）

薪添柴。走访大圩时，我到过许多村庄，阅读村中祠堂里保留的石碑，相当一部分的内容都是村人集资做社会公益的记录。汉王庙，是大圩刘氏族人共同集资鼎建、重建的。上桥村的关帝庙，毛村的圣母宫，沙桥村的善利庙，熊村的熊氏宗祠、李氏宗祠，以及架设于村圩之间便于通行往来的石桥、木桥，无不是众人拾柴积薪所成或有实力的富裕之户慷慨解囊造就。那些采取众筹之法解决建造费用的公益项目，也少不了首事们的张罗，且这些首事往往也是带头捐款且捐款最多之人。

借旅游东风起飞的古东瀑布

随着陆路运输的发展，大圩的商品集散功能逐渐弱化。如何寻找新的商机？这是一个摆在今天大圩人面前的严肃问题。

改革开放以后，桂林旅游呈现井喷式发展的势头，大圩人的商业意识很强，他们没有放过这个千载难逢的机会。其实，桂林市第二航运公司的前身，就是大圩木帆船运输合作社。而桂林漓江航运公司和漓江第二航运公司，是漓江旅游最早的专业经营企业，只不过那时的载客是兼营性质，航运公司的船只主要还是拉货，只在上层甲板上设置一些条凳，拉一些沿岸上下的村民，偶有远方游客。改革开放以后，漓江上的航运发生了巨大变化，货物运输逐渐退出，观光游览成为收益颇高的主营业务。那时，桂林市和桂林地区还是分设时期，漓江游览业务由桂林市管辖，大圩所在的灵川县属桂林地区管辖。桂林地区的人想涉足本属于桂林市的旅游经营领域，不动脑筋是不行的。所以，在 1985 年，大圩镇与桂林航道工程队联合成立“漓江旅客航运服务公司”，开始介入漓江旅游航运经营。到了 20 世纪 90 年代，大圩已经有多家经营漓江旅游的航运公司，充分显示出大圩人的商业敏感性。后来，在漓江旅游“四统一”政策模式下，这些公司均进入“四统一”的管理范围，成了吃大锅饭的经营者，未能表现出更好的商业管理才华。

1990 年，桂林市交通部门在大圩境内兴建了磨盘山旅游客运码头，大圩成了桂林旅游格局中默默奉献的前沿阵地。但是，在生意场上，大圩人从来就不甘寂寞，他们一直在努力寻找更适合的旅游生意。

1995 年，大圩下游的草坪回族乡冠岩景区开业，并迅速成为爆款级旅游产品。随着冠岩景区的投入经营，漓江东岸的旅游资源开始引起投资人的注意。1996 年，从事旅游经营多年、具有商业敏感性的大圩人开始投资古东瀑布。

古东瀑布位于漓江南岸古东村的蝴蝶谷中。古东水发源于附近的潮田乡旺塘岭，全长约 8 公里，集雨面积并不大，但流域森林密布，枫林、深潭相依互映，景色秀丽而安静，尤其是河床有好几层叠水形成的小瀑布，很适合游客走近体验。

早在 1985 年，《桂林日报》就发了一则消息:《桂林山水又添一景，大圩发现一处瀑布》。消息说，这个瀑布距离市区约 20 公里（那时，还没有大圩—草坪公路，这个距离是指从市区到竹江码头，然后过渡、徒步的距离），由 7 个

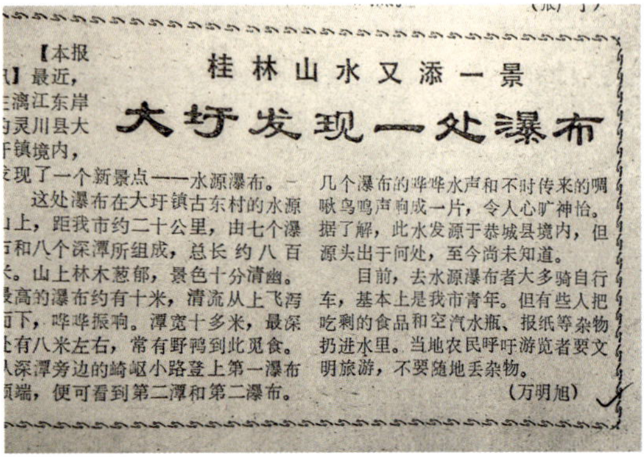

桂林山水又添一景

大圩发现一处瀑布

【本报讯】最近，在漓江东岸的灵川县大圩镇境内，发现了一个新景点——水源瀑布。

这处瀑布在大圩镇古东村的水源山上，距我市约二十公里，由七个瀑布和八个深潭所组成，总长约八百米。山上林木葱郁，景色十分清幽。最高的瀑布约有十米，清流从上飞泻而下，哗哗振响。潭宽十多米，最深处有八米左右，常有野鸭到此觅食。从深潭旁边的崎岖小路登上第一瀑布顶端，便可看到第二潭和第二瀑布。几个瀑布的哗哗水声和不时传来的啁啾鸟鸣声响成一片，令人心旷神怡。据了解，此水发源于恭城县境内，但源头出于何处，至今尚未知道。

目前，去水源瀑布者大多骑自行车，基本上是我市青年。但有些人把吃剩的食品和空汽水瓶、报纸等杂物扔进水里。当地农民呼吁游览者要文明旅游，不要随地丢杂物。

（万明旭）

大圩发现古东瀑布的报道

瀑布和 8 个深潭组成，山上林木葱郁，常有野鸭觅食，景色十分清幽。

读了报纸上的这一则消息，我鼓动所在单位组织了一次以古东瀑布为目的地的郊游。我们骑单车来到竹江码头（单位有一辆面包车，供年纪大一些的人乘坐），然后乘坐当地农民的渡船过河，沿着村民指引的小径，向远离江岸的瀑布方向寻觅而去。走过田埂，穿过村庄，又钻进树林，终于看到了那可爱的山间瀑布。这次郊游，是我第一次走近这个瀑布。在距离市区这么近的地方，有这么一个可供玩耍的瀑布，实在让人开心。这里其实离华侨农场并不远，我早年在华侨农场工作过两年，我和我在华侨农场的工友们竟然没有听说过这个瀑布，说明以前的消息实在是闭塞啊。后来再到这里游玩时，此地已经是游客云集的旅游名胜地了，它有了一个正式的名字，叫古东景区，是大圩人自己开发的一处热门景区。

瀑布是古东景区的核心资源：瀑布垂下的悬崖两边，安装了铁链，可供游客足蹬草鞋，手攀铁链，从瀑布底处攀登到高处。这种经历，对于大城市的游客而言，尤其难得，很受欢迎。我第一次到这里时，瀑布旁边还没有可供

古东瀑布最受游客欢迎的就是攀爬瀑布

攀缘的铁链等设施，只能从其他地方绕上去，后来再访古东瀑布，终于体验到了那种贴近瀑布攀缘而上的趣味了。

那时，草坪还不通公路，游客们需要乘坐游船到草坪停泊下船，才能观赏冠岩风光。因为冠岩景区迅速走红，交通部门也就很快铺设了一条低等级的大圩—草坪公路，以供旅游使用。大草公路其实分两段，从大圩经秦岸向南到茯荔段，属于灵川县交通部门负责建设维护，从潜经村到草坪乡一段，由桂林市郊区（后为雁山区）负责建设维护。两段公路的瓶颈点在交接处的碧崖阁。碧崖阁石山入江，河道湾急滩陡，最终是将石山贴江部分凿掉，才将两段公路连接起来。两段公路正式通车使用，已经是 1996 年秋了。随着大草公路的贯通，更多的旅游大巴经大圩到冠岩，冠岩的游客量更是迅猛上升。作为途经地的大圩，不能眼睁睁看着大好的市场机会白白流失，镇政府决定招商引资。在桂林市做旅游的大圩人李素萌决定和朋友们一起投资这个项目。

很多旅游经典项目并不是一开始就有很清晰的发展蓝图，那些一股脑将旅游发展规划交给专业规划团队的投资者，往往找不到市场在哪里。事实上，市场是最重要的产业引导，投资人能否敏感地关注到市场需求萌芽，至关重要。古东瀑布最初也是按照桂林许多成型的旅游景区那样，做成一个观光景区，并且也请了许多旅行社的老总们来踩线，希望旅行社能够把古东景区列入他们的“加点”（指旅行社在正式发布的旅游行程之外，临时向游客推荐的游程）项目，但市场并不买账，因为这个景区的“观光价值”和名声显然不如桂林那些经典景区。

陷于困顿之中的古东景区投资者们需要寻找破题之路。他们从旅行社向游客散发的广告宣传单中发现，旅行社向参团前往贵州荔波大小七孔的游客建议“请自备拖鞋”。他们对这个“温馨提示”感到奇怪：难道贵州的酒店旅馆不配拖鞋吗？经调查询问，才知道大小七孔景区有“水上森林”可供游客玩耍，没有拖鞋则极不方便。于是，古东景区的投资者和管理者便立即动身到贵州荔波去学习考察。到了现场，他们忽然醒悟：这里的水上森林，与我们那森林里的瀑布，不是异曲同工吗？

说干就干。回来以后，他们立即着手，一方面在瀑布旁边安装了牢固安全、可供攀缘的铁链，另一方面组织有手艺的村民们编织几乎失传的草鞋。于是，观赏度在国内各瀑布中并不算高的古东瀑布，因为有了可供攀缘的设计，而变成具有极大可体验性的瀑布，廉价的草鞋直接带动了景区二次消费，也给附近村民增加了通过编织草鞋提供收益的机会。藏在山林里的古东瀑布，终于在市场的选择和推进中，成为游客们非常喜欢且愿意向亲友们推荐的打卡地：毕竟喜欢玩水的人多啊！如此清澈的溪流，对于那些只熟悉自来水的城里人来说，当然值得体验和向亲友们推荐！

古东瀑布一经开发营业，便与大圩—草坪公路尽头的冠岩景区一起，形成漓江东岸的旅游热点，因为游客大量拥入，当地的村民也在经营纪念品、餐馆和编织草鞋等方面获得可观收入。2008年春，我曾陪同美国友人到这个景区游玩。在古东瀑布景区玩了半天，这位美国友人说，她在桂林的这些天，咽喉一直有问题，可能是古东瀑布景区的空气好，玩了半天，咽喉竟然好多了。

瀑布的体验性游览被挖掘出来了，但还不够。对于旅游者来说，还要考虑：仅一处可供攀爬戏水的瀑布，还不过瘾。对经营者来说，那些不适合攀岩玩水的老人、小孩，甚至一些怕水的游客，能够玩些什么？冬天气温低不适合玩水怎么办？天旱缺水怎么办？夏季发洪水时又怎么办？把这些因素考虑进去，一年大约只有一半的时间适合在瀑布区玩水，还有一小部分游客可能并不热衷于玩水。要解决上述经营中出现的问题，必须丰富游玩的内容！只有更丰富的游玩内容，才能吸引更多的游客，才能让更多游客逗留更长时间，而更多的游客、更长的逗留时间，才有可能带来更多收益。

古东瀑布的投资者决定，在景区里展现一个岭南山区山里人一天的生活路径：早上进山去采伐、采摘，遇河涉溪，无桥可过，故涉溪前行，这就是前面提到的瀑布玩水。日暮归家，他们要坐溜索、过吊桥，穿过山谷，从这座山走到另一座山，才能回家。于是，顺理成章地，景区山谷间的溜索、栈道等，成为景区体验旅游的另一部分。

进入 21 世纪以后，全球环境问题日益突出，引起了很多国人的关注。古东景区独享一片寂静无争的山林，山间空气很好，与外界形成强烈对比。如果在景区游览中体现出环保意识，就让景区有了文化追求。在这种意识指导下，古东景区在游线上出现了一些小设计，引导游客注重环境质量，让游线变得更人性化，也更有文化味。我国著名的民间环保组织“自然之友”创建者，曾获中国环境新闻工作者协会和香港地球之友颁发的“地球奖”，以及国家林业局颁发的“大熊猫奖”的梁从诫先生，在友人陪同下到古东瀑布游览时，对古东景区体现出来的环保意识给予了很高评价。原环保部领导到古东瀑布视察，也对利用景观线路宣传环保理念的做法表示了肯定。

古东瀑布在建设之初便注重环境、借助环境，少有动土建设，主要依靠南方乡村文化这一主题，来增强游客的体验感，很快就成为桂林旅游市场的热门产品，开业几年后，被评为国家 AAAA 级旅游景区，成为漓江东岸旅游热线上的重要节点。

韵味古村

▼如果想对大圩有更深的了解和感受，有几个村庄是切不可遗漏的。少了它们，只看大圩古镇的圩街，就相当于一桌宴席只上了一道主菜，那是成不了席的。

曾与大圩争雄的熊村

熊村在大圩北面约 8 公里处，也是一个至今还有活跃交易的圩街，地方志写“熊村圩”，今天的路牌写“雄村”。熊村以熊氏家族为主，虽然后来也有他姓入住，但熊姓仍是首姓，故熊村之名，来源于“熊”姓之定居与强大。后来，改为“雄村”，其实是一些掌握权力的地方官觉得“熊”不如“雄”更显雄心壮志、雄才大略，故改“熊”为“雄”。在采访中，我了解到，村委会和村支部的公章，今天也仍然分别为“熊”和“雄”。有意思的是，如果你在史料、书籍上查询，都是“熊村”，在官方文本上，则往往只能找到“雄村”。网络地图上，则“熊村”与“雄村”都可以找到，只不过有“雄村”和“熊村古镇”这类区别。在中国传统村落名录中，“桂林市灵川县大圩镇熊村”在列，所以，在本书中，我还是采用“熊村”的说法。

熊村圩有数千居民，因为曾经是乡政府和公社所在地，相比一般村庄，确实规模较大。在后来的行政区划调整中，相继撤销了熊村乡和熊村公社，许多社会资源向大圩聚集，

熊村老街早已荒凉，但仍能看出原来的风貌，
比如这间房子曾经的柜台

现在的熊村旧貌确实呈破败相，这也才更需要抓紧时间去看看它的历史旧貌，因为它的基本格局还完好，这些年新盖的房子，只在老圩街的外面建造，圩场交易，也因为公路交通的原因而移到了老村外面，所以熊村老圩街的基本格局保存完好。

熊村的东侧是涧沙河，西侧是西马水，村圩处在两水相夹的一处坡地，圩街的正街和它的附街玉带街在坡地高

熊村的古道，尚可看出曾经的繁华

处，由北向南延伸布局，正街又分为上街、中街和下街，商铺沿街道两边形成，中间的道路可供行人和骡马通行，无法行车，这也正是古老圩镇的原味。

外面的世界毕竟精彩，年轻人都外出闯世界去了。熊村老圩街上的居民，绝大多数也搬出去居住。现在，行走在这条熊村街上，只能看到留守的老人在精心守护他们的旧时光，甚至连老年人也看不到，大多数人家是铁锁把门。很多年前，我甚至拍摄过一组以熊村街上各家门上不同的锁扣与锁为主题的照片。所以，这条街道每天都是很安静的样子，一些喜欢寻古的游客在街上行走，坚守在这里的居民也会用关注的目光看着游客，甚至会热心地向这些游客介绍熊村的过往。游客从大圩过来，基本是从南边进村，村口天相门前，尚有一尊古石狮，孤零零地守望着这条老圩街。绕过石狮，贴着涧沙河岸走不多远，可看到稍高处有一座古气十足的紫气门。穿过这紫气门，就进入了熊村的老圩街正街。

街中尚有革命门、十字门、永安门、文庆门、德星门、仁寿门、长发门诸多古寨门。永安门是清雍正年间重修的，但门额上还保留着明正德年间石刻题榜“永安门”几个楷书大字。德星门是清道光七年（1827 年）重建的，门额上石刻的“德星门”三个双钩大字显得稳重自信。在熊村里慢慢逛，还可以看到湖南会馆、圩神亭等古建筑，但更多的古建筑，如江西会馆、圣母宫、刘贤庙、真武阁、

左：熊村古街位于缓坡上，坡顶设一财神庙
右：熊村的文庆门

熊村古街的门洞

熊村街上的古老商铺

关帝庙、伏波庙、回龙观、回龙庵、上寺、下寺、黄堂寺等，则只能在人们的谈论中去寻找了。不过，这一串的古代公共设施，已经足以说明熊村曾经“阔过”。

熊村曾经的繁华渐渐远去，正街的老房子还在，这些老房子还保留着旧时光的刻痕，比如那些当街的铺子，虽然早就不做经营用了，但仍然看得出老铺子的模样。在这条铺满鹅卵石的古街上漫步，还可以感悟到以前农耕时代交易的时光，虽然今天的交易早就挪到熊村西边大道去了。

熊村街圩上的那些老旧店铺作坊，主要是杂货铺、裁缝铺、小餐馆、小旅社、油坊、酒坊之类。这些店铺，一方面收购山民送来的各种出产，如粮食、杂货、山货、手工制品、农具、生活用品等，另一方面向消费者出售他们或者收购来、或者自己加工的产品，如自己酿的酒、醋，自己制作的糖块，自家油坊榨的油。为过路的客商提供食宿，也是他们重要的收入来源。

熊村能够形成圩市，是由它的地理因素决定的：从北面的灵田圩和东北的海洋圩到大圩，必须经过熊村，这里成为一个交会点。熊村距离大圩大约 7.5 公里，从灵田、海洋方向去大圩的人，如果到达大圩时，天还不算晚，可以在完成交易后，抓紧时间返回熊村投宿，这就可以省出两个小时左右的赶路时间。如果从山里到达熊村时，天色已黑，则可以先住下，第二天清早再赶路去大圩。也有急着返程的，则可以委托熊村的熟人（比如经常投宿的主家）帮忙转售或者代购。这样，熊村就慢慢形成一个独立的圩市。这也是桂北交通稍便利之地的圩市距离大致如此的主要原因。

如前所述，桂林东乡出的读书人不多，大家的心思多放在生意方面。熊村处于交通要道上，商业条件较好，时间久了，熊村人的商业意识自然也较浓。商业意识朝好的方向发展，有助于繁荣一方经济，如果朝着不好的方向走，则有可能破坏一方经济。

民国时期，新桂系一方面要维持社会治安，另一方面也想搞快钱，故在南宁、桂林等城市开辟了“特察里”这种黄赌毒经营区。在“特察里”以外，严查黄赌毒现象。在“特察里”范围内，黄赌毒却是可以正常经营的“生意”。

桂林的“特察里”，原来在象山的桃花江北岸，后来被日机炸毁，改迁到中正桥东岸南边。湖南省政府委员宾敏陔到桂林考察时，曾专程去考察了桃花江北岸的“特察里”，他写道：“六日夜参观特察里，在象鼻山对河，换言之即是嫖赌之地。先晤所长赵某，赵四川人，派办事员秦某引导，始入戏院，旁即摊场，有数处人山人海，纸票横飞，胜负如何分别，余系门外汉，无从得悉。广西赌税，每年七百万元，在桂林一处，每年应占一百零八万元，平均支配，每月约占八万五千元，即每日夜约占三千元弱。继入妓馆有窑班，有堂班，每月收花捐二千五百元。从前每月有医生检验，自抗战以来，医生派往前方工作，检验一节，暂告停顿。”可见，当局在“特察里”征收花捐赌税烟税，是财政收入的重要来源，而“特察里”的老板们，自然也赚得盆满钵满。这样的生意，不免让一些有非分之想的人眼红，而当局为了保护税收，也是严格控制这个“红灯区”的。故“特察里”之外，很难见到黄赌毒现象。

让人想不到的是，那个时期的熊村，就开有赌场，且生意颇好。赌场老板为了揽客，还请戏班演出，让乡民旅客免费看戏。看戏者如果自我管控能力差，难免就会进赌场赌一把。这种经营模式，就是现在的美国拉斯维加斯模式的雏形。

我是从采访中知道熊村曾开赌场这件事的，没有找到熊村当年开办赌场的相关文字，但可以判断，这赌场的老板一定和“特察里”有密切关系，毕竟不远处就是当时已经被称为“小桂林”的大圩，那里有维护治安的警员，也有驻军和后方医院，还有一些颇有实力的外来商人，以及不少企业，熊村有赌场的消息，应该早就四处传开了，为何没有被查封呢？如果熊村的赌场不为桂林的“特察里”所同意，则这个地处东乡的赌场显然是抢了“特察里”的生意和税入，这是官方不能容忍的。如果是桂林城“特察里”默许的，则算是“特察里”分店，开拓了“特察里”的市场范围。基于此，我相信熊村的这个赌场必然和桂林“特察里”有一种说不清道不明的关系，因此才敢这么张扬。

熊村的老人告诉我：熊村赌场每天有戏班唱戏，又不要钱，四乡八里喜欢看戏的人都早早就过来看戏了，圩上的餐食、住宿生意也带起来了，因为这边的演出费给得可观，戏班都往熊村跑，大圩那边的戏台就受到了冷落，于是有人写了打油诗讽刺：

大圩高祖庙，
对子墙上照。
对子贴白了，
戏子还没到。

熊村以熊姓为主，村子西边主要是李姓，间有其他一些杂姓。熊氏家族是这里最早的居民，李氏家族迁过来时，易于耕种的田地早就被熊家开垦完毕，李氏家族只能在西边的山坡处垦荒种地。那片坡地不便灌溉，需要从熊村东边引水，才能保证农业用水。引水过村需要开挖路面，影响圩街经营。如果不许李氏引水，则势必引起长久矛盾。熊氏 18 个读书人想出了一个为难李氏家族且没有直接拒绝从东边引水的办法。他们提出：李氏开挖引水渠没有问题，但必须一夜完工，以免影响圩场交易。按照开挖水渠的工程量，是需要几天工期的。但熊村的理由似乎也没有办法辩驳。熊家的这些读书人还说，只要李家能够在一夜之间完成沟渠开挖工作，他们宁愿搬走到山脚底。

李氏家族商量以后，咬咬牙，答应了这个要求。为了抢工期，他们只能从圩散之后、天刚黑时就开始开挖沟渠。李氏家族的运气足够好：他们刚开工不久，突然天降暴雨！暴雨不但没能阻挡李氏家族的劳动力们继续挖渠，反而帮了他们的大忙，因为暴雨浸泡，地面表层的土质变得疏松，挖起来就没有那么费劲，而且效率提高不少。又由于暴雨形成了湍急的流水，流水迅速冲走了挖松的泥土，他们甚至不必费力气将挖出来的泥土运走，省出来的劳动力可以一并投入开挖沟渠的工作中。结果，这条沟渠真的在一夜之间挖成了！

现在，那条一夜挖成的水渠依然完好，溪水清冽，从

穿过熊村的这条沟渠，就是当年一夜之间挖出来的

东向西，穿过熊村，灌溉着远处田垌里的农田。这条沟渠，经过很多人家的门前，那些人家用石板架在上面，以方便出行。在阳光灿烂的日子里，仍然可以看见渠边的住家在自家门前的沟渠里洗衣洗物。

这个故事还有一个非常有道德教化的结尾：熊氏那18个读书人，果然搬离了熊村，在东边另外建了村庄居住，那个村庄叫文昌村。我把这个故事讲给一位美国朋友听，这位美国朋友说：说明这里的居民很有契约精神啊！

契约精神，是商业发展的重要基石。古代的熊村人，并没有这类理性思考，但他们从感性方面理解这一点，故而在实际行动上尊崇这一点。

熊村是个富饶之地，以前有很高很整齐的石砌寨墙，以防盗贼侵犯。解放以后，地方安靖，寨墙的防贼功能就消失了。后来，人民公社时期，要烧石灰撒田杀虫，烧石灰就需要石灰石，但熊村距离石山有一段距离，那时也没有对历史文物的保护意识，反而嫌那些石墙碍事，就将寨墙逐段拆下来烧石灰烧掉了，今天，已经没有人知道那些壮观的寨墙。除非具有充分的想象力，可以从熊村今天尚存的那些寨门推断出以前那石砌寨墙的规模和走势。

寨墙外面，熊村与小河之间，还曾有一大片的枫树林，那些巨大的枫树，要几个人才抱得住。这片枫树林，是熊村的景观林，特别是在盛夏天暑之时，也是村里人纳凉的好地方。可惜的是，这片枫林也被砍掉了。寨子里的青年人都不知道这片美丽的枫树林曾经存在过。

今天游客眼中的熊村，并不全是熊村老人记忆中的熊村，却是游客心中所认为的老村子。

熊村村口的石狮子和寨门

熊村的寨墙早就消失了，这个幸存的
寨门还残留着以前青石寨墙的印记

古桥古庙古屋上桥村

风景是自然与人文的有机组成。我们常说的风景，其实是有边际的。我们认知中的“风景”边界以外，或者在我们的视线中消失，或者被我们的主观所忽略。

说到上桥村，游客意识中的上桥村与村民心中的上桥村有很大的差别，这个差别主要体现在对上桥村“风景的边界”划分上。村民心中的上桥村，主要是村舍、农田、村边的石山和绕村而过的河流；游客记忆中的上桥村，更重要的是村子里的上桥，村头的关龙桥、关帝庙，以及这两个古建筑之间的那棵高大的老樟树，它们构成了游客心中一个完美的风景内容，是这个村庄悠久历史的写照。

我到过上桥村很多次，春夏秋冬的季节都去过。作为游客的我，更喜欢春天的上桥村。村头溪水盈盈，古树参天，村头的关帝庙已经重新整理，显得古朴安静。关帝庙前那双拱的关龙桥，在古樟的庇护下，虽伤痕累累，却数百年顽强不屈地立在那儿。遗憾的是，老树终于抵不住岁月的煎熬，在 2023 年死掉了。

上桥村的关帝庙

我第一次看到关龙桥时，很感慨桥北的断裂造成的不与陆地衔接的状况，成为断桥。我以为那是历史上某次洪水将桥冲断了。村里老人告诉我，我看到的这座桥其实仍然是一座完整的双拱桥，那个看起来断裂的地方，是1958年那场洪水将堤岸冲塌了，造成桥北悬空。后来，村里人集资在旁边修建了一座水泥平面桥，可走汽车，旁边的关龙桥就演变成一座仅供观赏凭吊的古桥了。

中国古代的乡村是自治社会，很多社会公益事项都要依靠村民的同心协力才能完成。上桥村的关龙桥，自然也是村民们集资修建的，修建的时间是乾隆四十八年

（1783）。这座桥，跨径大，桥面也宽，很有气势，修建这样规模的桥，仅凭一个村庄，很难凑齐经费。因为关龙桥通往周边的上桥、沙桥、熊村、秦岸、毛村等多个村庄，所以，建桥经费也在乡绅的号召下，由这些村子共同集资襄助而建，关帝庙中尚有当时竖立的《创建合江关龙桥勒捐资名碑》记载此事，某身份的某姓某名捐款多少，均刻石为记。像这种一村之桥能够得到众多村庄捐资的事情，在大圩镇经常出现，这也是因为该桥乃周边村庄来往于熊村圩和大圩之间的必经之道，众人的事，众人关心，这就是乡村自治的核心原则吧。

关龙桥在上桥村南边，上桥村村西还有一座更大的古石桥叫上桥，这才是上桥村最有资历的古桥，“上桥村”也因此桥得名。根据《桂林市交通文物》介绍，该桥于明代

上桥村的上桥，也叫马溪桥，徐霞客当年经过此桥前往桂林

弘治年间重建，其历史比关龙桥更早。上桥由大条石构造而成，呈双拱桥形，桥高约 5.5 米，长近 35 米，呈东西走向，是海洋、熊村、大圩前往桂林“通省大道”的咽喉。明崇祯年间，徐霞客便是经此桥前往桂林。

除了这两座让游人喜欢的古桥，村里还有三座庙宇，最重要的一座，就是村头的关帝庙。关帝庙为两进结构，始建于乾隆十五年（1750 年），近年重修，塑有关公像。庙内最有价值的部分，乃是天井处嵌于墙中的几块古碑，这些碑刻记录了关龙桥、关帝庙的修建经过，是了解村史最有价值的文物，现保存完好。

在清代，上桥村考取过几位举人，并且外出做官。他们致仕回乡时，在外面生养成长的孩子们已经说得一口西南官话，与村里人的土话构成了两个语言系统。久而久之，这个上桥村里，竟也通行两种语言了。

清乾隆年间，做官归来的李若杏在村里修建了 17 座宅院，分给自己的几个儿子。这些宅院，对外有各自的门户，内部有互通的走廊相连，以便有事时互相照应。这 17 座宅子一律用青砖砌成，成为一体，非常壮观。据说，李若杏在世时，这些宅院工程并没有完成，是在其后人手上竣工的。多年前，我初访上桥村，还可以较好地观赏到这些宅院设计的奇妙之处。如今再去，已经荒废倒塌了不少，甚是可惜。

桂林之地，古代常有匪乱，故各村寨都很注意修筑寨墙、启用寨门，以度过离乱岁月。我没有见过上桥村的寨墙，那些寨墙都在历史的变迁中消失了，但至今尚有几个寨门残存，如拱极门、朝斗门等。该村虽然都是李姓，但有分支，各分支均有自己的祠堂，对中国家族史有兴趣的游客可以去寻访一下上桥村的祠堂。

上：上桥村尚存的寨门
下：上桥村的一个祠堂

盐商后代的桂局村

据桂局村的老人说，桂局村原来叫桂桥头村。后来为什么叫桂局村？“桂局”又是什么意思？没人说得清楚，但“桂桥头村”是可以说清楚的。

在公路出现之前，连接村镇城乡的道路可分为官道、商道和小道。官道是官方组织徭役修建的，供官员们、差吏们往来使用，官道途中有驿站、铺堡、塘舍等机构。商道是为了运输商品逐渐形成的，沿途有店铺、客栈。官道和商道多有重合。小道是村民们下田耕种、进山采猎行走的路。那些官道、商道就是“大道”，虽然用今天的眼光来看并不宽大。那时候，桂林东乡大圩、草坪等处的人进桂林省城，当然就选择了坐船往返。从灌阳、海洋、高尚等方向，经熊村往桂林去，如果不绕大圩乘船，就会选择经上桥、桂桥头、太和等村的“通省大道”而行，这是一条相对较直又不必翻山的道路。徐霞客就是走这条路到桂林的。

今天的游客到桂局村，如果与村里的老人搭讪，村里的老人仍然会很自豪地告诉你：村前这条路，就是当年的“通省大道”。你若仔细查看村子里残留下来的那些历史旧痕，也还可以在田野中看到古代那条通省大道的路基。

这条“通省大道”，“直达兴（安）全（州）、旁及恭（城）灌（阳），素属通衢”，但大圩境内水系发达，“大道”也常遭水漫而难行，故历史上也选择地势、村庄，适当改道。每次改道，“需费孔繁，幸捐助宽宏，集资较富”，使得修建工程能够及时完工，不误使用。乡民们的这类善举，一般都记录在石碑上，置放在宗祠里，以作后人榜样。寻访老村庄，一定要走访宗祠，那里面藏着许多历史细节。

村里的老人说：临解放时，白崇禧的桂系队伍就是从这条路上溃退下来，匆匆撤走的。那些溃散的军人，风尘仆仆、饥肠辘辘、神色慌张，老人说他看得很清楚。

老人问我：“你知道我们村为什么叫桂桥头吗？”

我当然不知道。

老人很自豪地告诉我：“桂桥头就在我们村头，一座古石桥，我带你去看看。”

跟着80多岁的老人走到田野里，我举目四望，并不见老人说的古桥。

老人很得意地说：“你当然看不到，桥就在你的脚下。”

我的脚下？脚下确实是一条小溪，但溪上是一座可供车辆通行的水泥平板桥啊？

老人带我到溪边去，让我蹲下身来朝水泥平板桥的下面察看。果然，一座很小巧的石拱桥就藏身在那平板桥下面。原来，古石桥被水泥平板桥覆盖住了。如此一来，那座古石桥的景观没有了，但也得到了很好的保护，不像我见到过的许多乡间残桥，因为没有了使用价值，最终坍塌、崩裂，变成一堆石块。这座小小的古桥，作为通行功能的桥“不在”了，但作为历史的“桥”，被很好地保护起来了。

老人说：这座桥，就叫“桂桥头”，之所以叫“桂桥”，因为它是通省大道上的一座桥，过了这座桥，离桂林就近了。之所以叫它“桥头”，是因为桥太短了，一步在桥这头，两步就到桥那头了，合起来就叫“桂桥头”，村子也因此得名。

老人又带我到村子里转悠，指着路边一口古井，告诉我：最早的通省大道是贴着水井边走过去的，后来村子变大了，这通省大道也就绕过这口井、绕过村子了。

那口古朴的老井旁边，还有古亭。亭子可

桂局村的古井古亭紧靠通省大道，为来往行人提供方便

供行人歇脚小憩，井水可供行人饮水解渴。这井与亭，都是古物，它们互为依存：远道而过的行人，经过此村，会找水喝，路边便有这口井。走得累了，可以在亭子里的长凳上坐下来休息一会儿，如遇下雨，亭子更是行人避雨的好地方。在亭子边的老墙上，镶嵌着一块石碑，年代久远，碑已残破，尚可依稀辨读，上面记录的，是这个村子里的一“门”（“族”下的分支）捐款建此井此亭的记载。这么说来，这口井，以及井边的凉亭，也是一组保存完整的古代桂林旅游公共服务设施了。

既然是通省大道，来往行人就多。行人走累了，口渴了，需要歇息喝水。所以，广西很多古道上还保留着一些供行人歇脚的凉亭，比如附近灵田镇的三月亭、阳朔县福利镇的东山亭。桂局村里的凉亭不但保存了下来，而且水井就在凉亭边，行人取水喝就方便多了。桂局村分为上、中、下三个屯，每个屯都有水井，每口井都在通省大道路边，可见村人心善。凉亭和古井都保存完好的，就是这一处了。它们也是活着的历史，村民现在还喜欢在这里歇凉聊天，这口井也仍然在使用着，只是没有旅客来分享罢了。

漓江东岸的上茯荔村

茯荔村位于大圩古镇下游不远，是漓江边一个重要村落，曾设乡和公社等机构，后来并入大圩镇。茯荔村实际有两个村，分别叫上茯荔和下茯荔。上茯荔村后山有一片山林，山林掩映中有一个林间清泉水形成的安静小湖。差不多20年前，我与朋友们郊游徒步时曾来到这里，那是一个盛夏的中午，阳光从头顶上投射下来，穿过树叶，照耀在草地上，形成斑驳的光影，小湖边有农民放牧的牛群，在悠闲地吃草。我们这一伙徒步者，都觉得这真是美到极点的隐居之地。前些年，这里被开发成逍遥湖景区，附近又有古东瀑布景区，这上、下茯荔村的人气也就渐渐旺了起来。

通往逍遥湖景区的道路，从上、下茯荔村之间穿过去，团队游客没有机会在村子里访古寻旧。想走近村庄，还得自己驾车前往才方便。

上、下茯荔两个村子，我觉得上茯荔村这个村庄更有意思一些。

历史上，上茯荔村有一个颇有规模的戒珠寺。戒珠寺始建于明洪武年间，清道光年间重建。在大圩周边，这个戒珠寺是规模较大的寺庙。拾级而上，石柱、石阶构成的大门非常稳固，大门内，是两进结构的寺庙建筑，庙里原本供奉着菩萨。随着时代变迁，这座庙早就消失了，变成了一座乡村小学，小学的校门尚有些许寺庙的痕迹。走进这座小学，如果你稍微用心，从校园里操场边躺在地上那些光亮的巨大石块，还是可以看得出那古寺的基础格局，然后联想一下山村里如此一座宏大的古寺，也算是做一个脑体操吧。

戒珠寺里，曾有许多记录这个乡村历史的石碑，因为修建校舍，都挪到附近的祠堂去了。阿弥陀佛，这些石碑还被保存了下来，没有被挪用去铺路架桥、当洗衣板。

上茯荔村重修戒珠寺前厅记的局部

因为想看看那些石碑，我就向村里的祠堂而去。祠堂离戒珠寺原址很近，绕过那个礼堂就到了。你想不到村子里也有礼堂吧？前面说过，茯荔这里，原来设立过茯荔人民公社，既然是公社，当然有礼堂，这是公社的标配。“公社”这个建制虽然消失了，礼堂却保留了下来，也算是村子里一座近代建筑吧。

村里的祠堂也是两进，保持着古风古貌，前廊两侧墙壁上有古人绘的画，有些斑驳难辨。

祠堂重建于清乾隆四十九年（1784 年），祠堂门口有一口大井，重建于清乾隆五十年（1785 年），一井一祠堂，相继建成，算是那时一个村落里的重大工程了。古井不但有石井圈，而且周边有砖砌围栏，围栏不高，既起着隔离井区的作用，也可供村民或倚或靠或坐，以歇脚小憩，或者聊天方便。

这座祠堂和古井，也是村里的公共建筑，不过因为不在交通要道处，不像桂局村那井、亭一样，具有为行人提供服务的功能，客观上只为村民们所用。祠堂旁边的这口井，这座祠堂的门口，自然地构成了这个小村庄的社交场所。村民无论是挑水洗衣，还是供奉先人，张罗大事，都在这里聚集。几百年来，这里是村里各种消息的集散地，真假难辨。我来到这里时，遇到很多村民围坐在古井的围栏边聊天，祠堂前廊有人摆了卖油炸零食的小摊，不少人用好奇的眼光打量着我。

我是奔祠堂而来，于是仔细观察这祠堂。

祠堂前廊两侧墙壁，分别靠着两块石碑，记录着祠堂修建和水井重建的过程。走进头门，左侧目前堆放了不少

胸怀祖国放眼世界

a | b
c

a：上茯荔村的古祠堂壁画
b：上茯荔村祠堂前的柱础
c：上茯荔村的祠堂，乾隆四十九年（1784年）重建的柴草。陪同我的朋友将柴草翻开，我便看到了暂放于此的若干块古石碑。这些石碑，有的本来就是祠堂里的物件，有的则是从已经消失了的戒珠寺搬过来的，比如《重修前厅记》，记录的就是清道光年间重建戒珠寺前厅的集资经过和修建事项。

柴草深处，还掩盖着一块横卧的石碑，碑面油黑锃亮，上镌五个一尺见方的颜体大字："敕赐戒珠寺"，没有落款，不知此碑镌刻于何年何月，但显然是那座已经消失的戒珠寺的身份证，"敕赐"二字，说明戒珠寺是有来由的一座深山寺庙，可惜它的故事已经掩埋在历史深处，无人知晓了。

上茯荔村的古井

毛村和漓江上的船上人家

很早以前，我就听说过：漓江上的船民，多数姓黄。这些姓黄的船民，都源于大圩的毛村。

不过，我最初听到这个故事的时候，脑子里以为毛村就是大圩古镇对岸的毛洲岛，因为毛洲岛就在漓江边上，洲岛居民，不就和船民、渔民直接相关吗？一直到若干年前，我跟着朋友去寻访毛村故事，才发现我在这个问题上完全弄错了：毛村不是毛洲。毛洲是漓江南岸的一个洲岛，而毛村是漓江北岸的一个村屯，距漓江岸边约 2 公里，毛村与毛洲，两者相距 5 公里多呢。

这种空间错位，让我有些疑惑：既然毛村与漓江有如此距离，又是怎么以漓江为生计的呢？

带着疑惑，我走访了毛村，询问村里人，查看他们的族谱，认真阅读村里留下的古碑文册，终于找到了答案。

毛村黄姓的远祖是福建的黄峭山公，但其始祖来源于广东南海。早在明初的时候，他们的祖上就和郑姓、马姓、丁姓几个异姓兄弟来到了漓江上，以捕鱼为业。族谱上说，他们的先祖黄冬进曾在漓江上救过明英宗，所以皇帝允许他们在桂江、漓江（桂江上游）、茶江（桂江支流）、荔江（桂江支流）上以捕鱼为生。

中国的族谱记录中，总会有一些因为各种原因而走样的内容，或者有牵强附会之处。比如，在历史记载中，明英宗并没有来过桂林，怎么会在漓江遇险时遇到身手不凡的黄氏一行人呢？史料记载，明英宗正统年间，广东南海发生过黄萧养起义，起义后来失败。毛村黄氏来自广东南海，难道是黄萧养的后人？如果是这样，应该隐姓埋名才对啊，怎么还主动与皇帝扯上关系？又或者英宗皇帝北征或复辟时，黄氏祖上曾侍奉左右？那也是光宗耀祖值得在族谱上大书特书的事情啊！南明的永历帝曾经在漓江上来来往往，奔走于桂林与梧州之间，想保住大明的最后一片土地。难道是黄氏祖先救了永历帝？可永历帝身处明末小王朝，与明英宗朝可是差了二百多年呢。又或者，因为救了永历帝，在清朝不便言说，便张冠李戴地把相关故事移到明英宗头上？

毛村黄氏与明朝皇帝的事，只有该村之说，尚缺乏其他证据，暂不采信，但这故事本身还是挺有趣的。

这一支黄姓，到桂林后，先是在漓江边讨生活，具体位置是今天的小龙门一带。漓江上的黄冬进后人，亦即我们在此书中说的漓江上黄氏，在后来的岁月中，家族发展越来越大，因人数众多，仅靠在漓江上捕鱼已经不能满足

黄沙河风光，附近的外婆桥和草莓摘采都是市民郊游喜欢去的地方

生存需求了。于是，他们在漓江支流黄沙河（这一段也叫牛河）边的一块茅草丛生的洲子上定居下来，开荒耕种，亦渔亦耕。因洲子上茅草丛生，村名最初就叫茅垌洲，后来演变成毛村之名。

黄氏一族最初在毛村安家时，这里还是地势低洼、水网密布的一个洲岛，村子周边全是溪河围绕，这些小溪河并不宽，不便撑船，必须有桥出入才方便。根据蒋小榕先生的田野调查，毛村及其周边，至今仍保存着 18 座古石桥，这个数字，足以说明这个村子沟渠纵横的地形特点。

今天的农村面貌已经发生巨大变化，许多老建筑都消失了，毛村的古老建筑，还留下一些最重要的部分，如村头的妈祖庙已经依旧址重修，那些古桥还散落在村庄周围，

毛村的圣母宫原貌，现在又重新翻修了

四房宗祠也保存完好，村子的寨墙则早就不见了，只剩一个门额上刻着“高容旛旗”几个楷书大字的石砌寨门，还看得出这个村子昔日的繁华。

毛村有供奉妈祖的圣母宫，据说是广西最大的妈祖庙。几百年来，这圣母宫香火不绝，因为毛村黄氏对这位神祇非常敬重。从供奉妈祖这一点来说，黄氏来源于广东的水上人家的说法是非常可靠的。

圣母宫的庭院里，还保存着几十块古碑，这些古碑，从不同角度记录着这座村子的历史，是非常有价值的地方史文献。我很认真地查看、阅读了这些碑刻文字。其中有一块碑，叫《赵知县奉批发给黄冬进等三户捕鱼印票碑》，碑文如下：

广西桂林府钦加同知衔、前任四川县事、调署临桂县正堂、加五级、纪录五次赵，为遵奉宪行恳沐恩取结编号印烙验船给票，以杜假冒事。于顺治六年五月十八日，据东乡三户黄冬进、周道一、廖受七等禀称：缘蚁等自前朝始祖三人承当下河应办船行差务，例在桂林、平乐、梧州三府地界，倘有滇铜贡使过境，陡因风雨不测，船坏沉水，或捞、或觅，并督宪来粤阅兵，轿马之船，均系三户所办，不敢推委贻误。是以循例，呈恳按察司详诣抚宪批行渔民给票，逢河捕鱼养口，并无别营生理。上到兴安观音堰，下到梧州獭水地界，承领粮税等因到县。据此，遵奉臬宪批，据渔户黄冬进等，呈同前事缘由，奉批，仰临桂县查明旧案妥详报。奉此，曾经前任临桂县主邱查案详报臬宪，转详抚宪在案，奉批江湖渔户处凡有之原河，宜小民藉渔资生，呈明该地方官取占牌票，可杜霸占藏匪之害。仰即通饬可也等因，檄行在案，今据前情，除取各渔户各用各物仝具甘结在案外，合给印票。为此，票仰渔户三人等知悉：嗣后，尔等各船务须互相稽查，毋得勾引匪类，自干连坐。如有势豪、土棍并小河坝口，藉故吓索，许尔等赴县首报，以凭详究。凡有经过沿河塘讯，验票放行，任由捕鱼、过堰，毋得阻滞。有负上宪爱及渔氓至意。敢有藉端需索，以及强拉送差，致干宪禁，许该渔户扭禀地方官取咎。未便均毋有遵须至票者。

批示：

黄、周二姓祖传同用器具，以鸬鸟、竹排为业，铅脚大网、夜晚照火、装筒、下钓、罩网、撒网、浮网、捞绞、铲，十一件为额。

廖姓祖传器具：用船刮网、抬罾为业，铁脚大网、装筒、下钓、罩网、撒网、浮网、铲绞，九件为额。

顺治六年七月初七日，右票发给 黄冬进、黄发连、黄启月

周道一、周发贵、黄玉坤

廖受七、廖真彩、黄东发

准此县行

仔细琢磨碑文，就可以发现一个“秘密”：黄、周、廖这几个江上姓氏，自前朝（也就是明朝）起，就在漓江上从事一种具有垄断性的专业技术活——自云南过境桂林，运往都城、江南的铜，以及经漓江赴京朝贡的使团，在经

过漓江时，如遇船只倾覆，他们要负责打捞寻觅。须知，铜在古代非常贵重，是制造钱币和国家礼器的重要物资，贡品则是皇帝才能享受的重礼。内地缺铜，从云南个旧运铜到中原腹地，处处充满危险，除了要防止被人抢夺，交通遇险也是要特别防备的意外。外国使团及所携贡品亦如是。如果出了这类意外，比如在江河中行船遇到船只倾覆，地方负责官员必须想办法将其打捞出水，以免被追责。这类活计，非水上人家不能承担，这就迫使官府与水上人家合作。遇督宪等高官因阅兵等公务（包括上任、离任、巡查）走漓江水路时，也由漓江上的水上人家负责提供轿马之船，也就是由他们提供船只并负责船只的行驶。船家为官家提供的这些专业工作，官府是否会给酬劳？没有提，即使有，也是象征性的吧，何况这类工作，在时间上必须听从官府，相对的机会成本也高。官府掌权之人对此心知肚明，于是愿意给他们在江上捕鱼的特权，以示弥补。

官府给了这几家人在漓江上捕鱼的特权，以便他们生计有着落。几十年的日子就这样过去了。但在几十年的日子里，事情也发生了一些变化：官府发现，有一些渔家因为打鱼四处漂泊，居无定所，根本就无从向他们征税，一些分摊的劳役也摊不到那些人头上。而黄冬进家（“黄冬进”这个名字，一直是向官府纳税的户名），却一直在向官府纳税，还要承担相关的劳役。渔业收入本就微薄，重负之下，怨声渐起，有人纳税服徭役，有人却能有意无意地逃避税赋，这未免太不公了！这么一比较，黄家就内心不服，开始抗税，与官府产生矛盾了。

黄氏家族有在水上讨生活的本事，他们如果和官府对立，官府在水上的一些劳役，就很难找人顶替上去。万一上面的高官巡访桂林，谁来撑船？万一官船倾覆，谁负责打捞？所以，临桂县衙门也不想把事情弄僵，他们派了杂役下来，仔细调查黄氏家族怨声的源头，发现确实存在税负不公的情形，加上下面税吏为了征税而反复奔走于漓江两岸上百公里的区域，山崖阻路，水岔碍行，征税成本颇高，且渔税税额并不大，渔民撑船四处为生，的确也很难找到纳税人，账册上的税收难以入库，经常挂账，不好向上交差。于是，临桂县衙经向上请示同意，最终免掉了黄氏家族的渔税。在圣母宫的天井里，有心的游客还可以找到那块《禁革鱼税碑》。这块碑是清乾隆元年（1736 年）立的，由广西桂林府正堂事平乐左堂陆知府奉广西布政使司张布政之令颁发，碑文说：“桂林府旧有额征鱼税共九两四钱六分二厘五毫，虽系历年照数收解，司库按年造册奏销，报部充饷，今该府既称此项税银，虽非落地可比，但各渔户散处村落，且有住居隔县，差役往催亦难”，于是决定，“该府渔户黄冬进等旧设完鱼税即应免征”，并令各地勒石永禁。

我觉得最有意思的是官府要求各渔村“勒石永禁”。这个要求，恐怕是为了防止基层官员甚至杂役人员再以“征税”为由对渔户进行勒索吧。可见，大清也有自己的官纪。

虽然已经开始了农耕生活，但黄氏一族并没有因此忘记根本。官府免税以后，他们的生活也渐有改善。他们把祖庙改建成妈祖庙，即圣母宫，纪念这位水上人家心中的神祇，祈求她保佑平安。同时，黄氏一族也并没有放弃水上营生。除了捕鱼，他们也承担水上运输。鸦片战争以后，中国的国门被打开，外国商品涌进中国，商业贸易变得发达，梧州成了广西最大的商业中心，从广西销往外省的商品纷纷集中到梧州转运，从外面进入广西的洋面、洋布、洋油等质优价廉的时尚商品，也在梧州转运到各地。漓江黄氏一族，本来就承担着桂江上的水上运输，随着商业的发展，他们在桂江上的运输业务也风生水起，成为一支重要的商业力量。

除了石碑上留下的古老故事，毛村在现代史上也曾闪现过光彩。民国十七年（1928 年），黄埔一期毕业的中共早期党员李其实回到家乡桂林，重建中共党组织，在他的指导下，中共东乡区委在毛村成立，区委旧址所在的小阁楼至今仍存。

黄氏一族，在漓江两岸人丁兴旺，当初与黄冬进一起从广东到此的郑、丁、马等姓氏，则逐渐衰微。毛村原来的四姓宗祠，也在历史进程中演变为黄姓的四房宗祠，至今，四房宗祠仍完好存在，各宗祠内也有石碑记载着各有侧重的家族史。如前所述，村子里最早的祖庙，在乾隆年

以前，漓江水上人家是一道民俗风景线。现在，在政府的引导和支持下，那些世世代代以船为家的漓江船上人已经上岸生活，这类生活船只已经从今天的生活中消失了

间被改造成妈祖庙。自此，村里的供奉、祭祀，有了主次。民国期间，桂林东乡被划分为好几个乡，毛村成了万正乡乡治所在地，乡公所就在妈祖庙里办公。白崇禧倡导破除迷信、兴办学堂，妈祖庙又成为小学校舍。抗战时期，新安旅行团组织的工作队曾来到毛村，组织抗日宣传，慰问出征军人家属，把宣传活动搞得轰轰烈烈。

黄氏家族的水运力量逐渐分成几支，一支在桂林定居下来，还有一支在平乐、荔浦等地定居下来。不论风里雨里，不论洪水枯水，他们都在这条江里讨饭吃。

桂江的落差很大。梧州的桂江口，海拔 16 米左右，阳朔 101 米左右，桂林 142 米左右，兴安则超过 200 米。因此，在洪水期间，桂江的洪水来得快去得快，冲击力很强。在冬季枯水期，桂江滩多水浅，很难行船，故在漫长的古代水运史上，桂江的船只体量都不大，以适应这条江的水情特点。一条船是一家人的生计，主要是男主人负责点货、清货和撑船，女主人负责船行一路的生活打理。如果有孩子，往往是一条绳索捆着孩子的腰，免得在行船过程中，孩子意外落水。这种生活方式，一代一代传下来，使漓江上的黄氏家族有很强的独立性。

漓江水浅滩多，只能行驶不大的木帆船。为了满足沿岸居民的生产生活需求，尤其是为了满足桂林的需求，在漓江上来往的船只很多，每条船上一般只有一两个劳动力，若遇抢滩上行，孤掌难鸣，单人难撑，加上古代社会治安不靖，漓江两岸常有劫匪出没，这些从事运输的船只就经常结伴而行。葡萄牙人伯来拉，在16世纪来到中国，并且到过桂林。他并不懂汉语，只能用眼睛观察。他写了当时漓江的热闹景象："大大小小的船只川流不息，载着当地所缺的食盐、咸鱼、胡椒和其他东西。为了让这些物品能逆流而上，走完一个月的行程，所以每隔他们的一里格（葡萄牙的长度单位，相当于5公里，也就是中国古代的'一塘'）就设一个岗哨。"他描述：在哨所旁泊船是最安全的，船队离开哨卡以后，就必须结队而行。为了确保安全，官家也会派军队保护船队。明人董传策在《渡漓江记》中曾写到他与友人乘船下平乐时，"山乃有犷恶獠人数百，群挟戈戟伺险滩上"。人多势众，劫匪一般不敢向船队下手。越南使团经漓江北上或南下时，官府都会派军队同行保卫。一般的民船，只能结队而行，互助自卫。遇到险滩，众船艄公齐心协力，可以组织起纤夫队伍，牵船上行。长此以往，船民们就养成了敢于担当、抱团互助的性格。

江上清流中风帆点点，岸上绿荫下纤夫队队，漓江奇特的山形和其间潜伏的各种危机，构成了这条水路历史上的独特景观。

除了漓江水上运输的繁忙，随着社会的发展，漓江游览也逐渐开展起来。漓江最早的水上游览，起码在北宋时期就有了，官员或在赴任和离任途中乘船顺流而下，一览漓江风光，或者在公务之余，约上同僚好友，租一只船去看山寻洞，打发闲暇时光，抒发心中情感。如曾追随王安石变法，后被外放至桂林（当时叫桂州）任职的曾布，就于己未年上巳节那天，携家乘小船出游，先到漓江东岸观赏七星岩、龙隐岩，然后又沿着小东江下行，进入漓江，折返到桃花江与漓江汇合处的雉山，作一日之游。那位叫吕三畏的南宋官员，也是乘船从静江府来到大圩的。

宋元以前的古人们游览漓江时，还不是漓江黄氏家族提供撑船甚至讲解服务。明清时代，黄姓船家在漓江上逐渐发展壮大，很多水上生意自然归为黄姓经营。民国二十四年（1935年）初，著名社会活动家黄炎培到桂林考察广西经济和社会教育，曾应当地友人之邀，游览了漓江。黄炎培在日记中写道：船上几名妇女为客人唱山歌（这是当时的重要娱乐服务了），这几名妇女就是毛村的黄姓（黄炎培写成了“茅村”和“王姓”，因为传统桂林话“王黄不分”）。胡适游览漓江时，船上也有几名妇人为他唱山歌助兴，但胡适没有写这几位妇女的籍贯、姓氏，我们无法知道为胡适唱山歌的这几名女性是不是黄姓毛村人。名作家盛成在他的《阳朔记游》一文中写道：“随广西省政府编译委员会阳朔考察团，乘24794WF号帆船。船主黄姓，桂林毛村人氏，客货兼运，可载重万斤。”

龙船文化和乡情

▼如果你走到桂林各条河边的村庄里，则可以了解到更多更丰富的与划龙船相关的故事和习俗。

扒龙船与龙船调

在中国，龙船文化历史悠久，成为中华民族重要的文化传承。桂林水系发达，自然少不了与划龙船相关的习俗。唐人李商隐在桂林做官时，就在自己的诗歌中记录了桂林划龙船的情景。明代的徐霞客、明末清初的邝露，都在自己的文章中记录过桂林划龙船的场景和习俗。桂林石刻中，也有不少与划龙船相关的村规民约内容。除在端午前后沿河观赏划龙船的热闹以外，如果你走到桂林各条河边的村庄里，则可以了解到更多更丰富的与划龙船相关的故事和习俗。这些故事和习俗，不但表现着乡民们的自豪感，也体现出浓浓的乡情。大圩大小河流多，是水路时代的重要集镇，这里的龙船文化也保存得较完好。

在刚过去的那个逢戊之年（2018 年），亦即桂林传统的“十年一大扒”龙船那个春天，我在漓江东岸的福隆园，看到两名老船工在精心修补着的那只巨大龙船，已经停划了十年之久。他们将龙船反扣在一个很长的架子上，用心地为龙船底部出现的缝隙、虫孔进行清理、补灰、刷桐油等工作。这个工作，叫作“检舱”。作为外行人，从他们所使用的传统材料和手艺展示方面，我也看得出他们是经验丰富的造船老工人了。我和他们搭讪，问他们是哪里的。他们回答：是大圩的。大圩以前船只多（这里说的，都是传统的木船），所以补船是一门很有市场的技术职业。这几十年，漓江上的旅游船早就换成了铁壳船，连圩渡船也逐渐将传统木船淘汰了，所以他们的职业已经没有了市场依附，只有这种“十年一大扒”的机会，才会有人找到他们出来献艺。他们感叹：这门手艺找不到接班的人了。

桂林的龙船，其实并不属于竞赛项目，而是展示项目。因为各村的龙船大小不同，划手数量不同，无法同台竞技。加上桂林之地地形复杂，水情条件也不同，有的村庄靠着大河，可行大船，有的村庄只靠着小河，一般只便于竹排来往，故竞赛条件也不是很好。“五月龙舟争远渡”，有的龙舟划得很远，有的龙舟则是扛到很远的水域里去划。端午期间，桂林各村各族群通过划龙船来增强族群凝聚力、展示向上的生活热情，是桂林龙船文化的重要特点。

这世界上有很多事情，从官家和民间不同角度解读，会有不同意味。从官府角度来看，划龙船要召集人力，需要耗费大量社会资源，影响劳作，经费分摊又容易引起不同村庄、族群间互相不服而发生械斗，甚至发展到“有司毫不敢诘”，故对龙船活动十分限制。桂林现存有清代石刻写明：“禁扒龙船，议定逢戊年方准迎龙建醮。”更有甚者，清光绪十五年（1889 年）的《桂林八街公议禁约》则采取了彻底禁绝扒龙船的民俗：

止扒船以断祸根

扒龙船屡毙人命，且惹是非，受祸最烈，我八街同人寒心久矣。自今禁止，永远不准扒龙船，以及开鼓贺桡，赛神行香，迎送来往。虽旱扒，一律禁止。

违者公罚，逐其远徙。抗而创复者，禀究。

可见，民间的绝对化意识有时比官方更甚。

龙船文化毕竟有深厚传统，官方不好彻底禁止，所以演变成“五年一小扒，十年一大扒”，大扒之年，一般是逢戊之年。徐霞客曾在桂林度过端午节，因为那一年不是官方允许的扒龙船年份，想扒龙船的人只能在城外悄悄地扒船玩耍。那天，徐霞客与朋友在雉山过节，看见了这场景，写道：“时方禁龙舟，舟人各以小艇私棹于山下，鼍（tuó）鼓雷殷，回波雪涌，殊方同俗。”

大圩的扒龙船年份，与桂林市区略有区别，这里河流纵横，每条河的扒龙船年份错开，既可以为村民带来持续的热闹，也可以尽可能均匀使用社会资源。韦重杰在他的《桂林龙船》一书中写道，大圩“牛河逢丁年扒龙船，而马河逢戊年扒龙船”。潮田河则是逢己年扒龙船。

扒龙船是社会活动，每逢扒龙船之年，总要进行必要

上：漓江沿岸的村庄，各有不同的龙舟颜色，世代继承
下：*2024*年端午节的大圩龙舟竞技

的社会集资。有的地方，将集资之款用尽方歇，因此，官府认为扒龙船“劳民伤财”。大圩居民，重视龙船文化，具有较强的自我约束力，在经费使用上有长久持续的意识。毛村圣母宫现存碑刻中，有一块《买置赛龙舟田产碑记》，记录了清嘉庆年间，该村举办龙船活动后，将剩余之款购置田产，田产收入用作以后划龙船的专款。这种公产管理，已经具有很高的村民自治觉悟。

大圩街上，有三条龙船，分别是老圩街、新宅里共有的乌龙船，地灵街、隆安街、兴隆街共有的紫龙船和塘坊街、鼓楼街、福星街、泗瀛街共有的黄龙船。大圩紧邻大河，玩龙船很方便，三五年举行一次“小赛”，主要是这三条龙船参加，三条龙船，都是邻里，所谓比赛，就是比气氛、比团结、讲情谊。这类比赛，固然有好面子的因素，却也是圩街上难得的文化大餐。每逢龙船鼓响，所有的人都会站在江边或者从家中窗户伸出头来看热闹。这时，也是各商户争相露脸的日子，如果哪个豪迈的商家小儿想掌龙船上的“头旗”，那是要出大钱赞助的。逢戊大赛时，周围各村都会扛着龙头、划着龙船，聚集在大圩水面上，那场面更是热闹万分。大圩是商埠，吸引力也大，周边漓江沿岸的很多村子，以及牛河、马河、潮田河的一些村子，也会参加大圩街的扒龙船活动。韦重杰采访得到的说法：东岸村的龙头历来都是力村送的。敢兴、力脚、禄坊和龙门（后两个村庄，今分属雁山区和七星区）的飞龙四个龙头是同一棵葡萄藤雕的，属于四兄弟。这类讲究，体现出浓浓的乡情意味。

大圩之熊村，只有小溪流经，村人却用龙船将族群组织起来。最初是村中大姓熊姓设置龙船，因为熊氏乃大姓，熊村上街、中街、下街等诸条街巷均以熊氏商铺为主，故熊氏以街分，有老龙船、满子龙船、神子龙船和熊子龙船。村中李氏，组建了李子龙船，其他姓氏共同组建了乌子龙船，一共 6 条龙船，代表熊村不同姓氏的 6 个群体，叫龙船会，每个龙船会有会首、会员，还有会田。此处距官府较远，故这里扒龙船的气氛比周边其他地方更热闹一些，除了实行桂林府议定的“十年一大扒”，他们还会组织三年一小扒活动。流经熊村的涧沙河水量实在太小，水面狭窄弯曲，因此他们在龙船比赛之时会将龙船抬到几里外的沙桥村堰坝处，与周边各村庄进行展示性比赛。

桂林的扒龙船，其实从过年就开始“开鼓”了，之后就是龙王下殿、游龙、伐木、造船修船、抢青、起水等，一直到龙王上殿，历时差不多半年，讲究颇多。从游客的角度来看，当然对扒船竞渡更有兴趣。

扒龙船时，除了龙头的讲究、船只的漂亮、划手的整齐划一，唱龙船歌是最有吸引力的。

流传在大圩的龙船歌，是一个非常完整的民歌体系，沙桥村李禄锟介绍，要把这些龙船歌全部唱完，估计要两三天的时间。如此说来，能够唱得全这些龙船歌的人，今

供奉在祠堂里的龙头

天应该不多了，即使讲得清楚的人也很少。据曾桥旺、廖明志合著的《大圩古镇历史文化漫谈》一书介绍，大圩的龙船歌包括《齐人歌》《出船歌》《游船歌》《扒船歌》《连船歌》《赢船歌》《湾船歌》《扯船歌》等。

《游船歌》唱道：

古船下到如今，
扒船本是唐朝兴。
金角龙到来行，
十年一扒扒太平。

正月初接龙王，
接起龙王坐中央。
喜盈盈笑洋洋，
身换龙袍放豪光。

二月二议划船，
请来船匠有几班。
又牵老来又牵丁，
牵起船长把船兴。

三月三割成船，
阖家大小好喜欢。
来的来往的往，
一船人丁闹新鲜。

四月八麦子黄，
又刈麦子又扒船。
上扒园来下扒洲，

中间扒个太平舟。

五月五是端阳，
庆贺端阳闹洋洋。
锣鼓喧，炮喧天，
两边看的有万千。

……

唱龙船歌，需要记歌词，这必须是与此项活动走得很近的人，如桡丁、鼓手、旗手，故一般人是唱不出龙船歌的，但大圩流行的龙船调，只有旋律、没有歌词，容易上口，很多人一听就会，很多不会扒龙船的人也会唱龙船调。即使不是扒龙船的季节，大圩的男人们相聚喝酒时，也往往会高举酒杯，高唱龙船调以助酒兴。我在大圩的酒桌上，就多次感受过众人举杯齐唱龙船调的场面。这些龙船调，只有抑扬顿挫的呼叫、悠扬亢奋的旋律，没有歌词。这类无词歌，倒是非常便于口口相传。相比之下，那些有歌词的龙船歌，因为难记，加上一些歌词已经不合时宜，逐渐被冷落了。

在采访中，我从多名被采访者口中知道了桂林七星景区的花桥居然也有和大圩龙船文化相关的故事。

花桥是一座始建于宋代的古桥，南宋遗留下来的《静

桂林花桥自古就是东乡进城的重要通道

江府城池图》上，不但标明了这座桥的方位，而且连桥型也大致描绘出来了，是一座有雨亭的拱桥，叫嘉熙桥。历史上，花桥多次重建，仅清代就重建了若干次，清代桂林诗人况澄的诗作中，就多次反映了重建花桥的事情。在古代，这些桥梁是怎样重建的？如何筹集建桥资金？我们往往忽略了这些问题。

清光绪年间，花桥再次被洪水冲毁，官府再次号召民众捐款重修。因为花桥是大圩一带东乡人进出桂林府的必经之道，重建事务很受大圩民众关注。某天，熊村一个富商进城，看见了官府举办的重建花桥集资演出，便挤了进去。这个富商衣着不太讲究，举止也是乡里人模样，当他挤到前排时，主持人用带着点嘲笑的口吻问他：你挤得这么靠前，也是想捐钱吗？

熊村这名富商点点头：“我就是想捐钱啊。”

听了这名熊村乡下人的话，主持人有点诧异，又不太相信，便用调侃的口气问：“准备捐多少啊？”这个其貌不扬、来自熊村的乡下富商没把主持人的态度往心里去，因为他是诚心来捐钱的，不是一时冲动。他抬起手，在空中画了一个圈说：“我就捐一圈的钱吧。”

花桥造型共有10拱，一小半在水中，一大半在陆上，桂林人俗称“十个圈”，被冲毁的花桥当时不是全部都被冲垮了，冲毁两三个桥圈，那洪水就退下去了，当然那桥也就断了。“重建花桥”，自然也不是全部拆除、完全新建，毕竟资金有限，不似今天做工程这般阔气，只需要把被冲毁的桥圈重新建好，能够恢复通行就可以了。这个熊村乡下人自称要捐“一个圈”的建桥款，就相当于扛了相当分量的建桥费用，这确实让所有的围观者都大吃一惊！

主持人瞪圆了眼：“来来来，你上台来，写下你的名字和捐款数额。”

乡下富商没啥文化，让他写字是很费力出丑的活，他拒绝了，说：“写啥字哦，你派挑夫跟着我去家里挑钱就是了。我也不需刻名于碑，但我们熊村有6支龙船队，让修桥的人负责把代表这6支龙船队的6只卷鼻龙龙头刻在花桥两侧就行。”

主持人将此事禀报了官府，官府派了6个挑夫，跟着这从熊村来的乡下人，来到了熊村，到了他在熊村街上的铺面，进了里间。那答应捐款的熊村乡下人，把里间的几口大缸掀开盖子，里面分别装满了银圆和铜钱。主人拿起舀水的葫芦瓢，一瓢一瓢地往挑夫的筐里舀钱，6个挑夫的担子都装得差不多了，再装就挑不了那么远的路了。主人说:“一个桥圈的钱差不多了吧，你们可以挑走了。”

据说，那6个挑夫在经过桂局、朱家、太和圩往城里走的时候，在太和圩凉亭歇脚，一个领头的说:“那家伙也没有数钱啊，这6担钱，不会刚够修一圈桥吧？我们分一点草鞋钱吧。”这个小插曲，是太和圩的人传出来的。

现在的花桥，虽在1965年再次改造扩建，但水桥部分的拱圈处仍然保留了一侧3个共6个石刻卷鼻龙龙头。

不过，游客到大圩游玩，一般日子里很难见到龙船文化的踪迹，因为各村一般都是将龙船、龙头、鼓、旗等有关龙船文化的物品存放在宗祠里，宗祠则常年关闭，外人自然难得一见。若你运气好，在某个村庄游玩时，恰巧遇见祠堂开门，你又对龙船文化有兴趣，不妨进去寻找一下这些有意思的文化留存。我在逛这类宗祠时，比较喜欢看宗祠里保存的古石碑，比如在毛村的圣母宫里，有一块介绍置买赛龙舟田产的碑记。熊村的熊氏宗祠，也是因为熊村下街的老龙船会的节余，再加上热心村民的捐款，凑成重建熊氏宗祠的经费。

桂林花桥上的龙头雕刻，
一侧 3 个，一共 6 个

走众亲

走众亲，是大圩许多村庄保留很久的传统节日，其实也是龙船文化衍生出来的社交活动。

“众亲”，而不是“宗亲”，说明不是一个宗族传统意义上的“亲”，而是一个超出家族、宗族概念的“亲”，这是让我很感兴趣的地方。

所谓“众亲”，大约意思就是：一条小河流域上下，因为河水的使用、洪水的防备、道路的修筑、山林的分享等诸多摆不脱的利益关系，使得相邻的村庄或者根据协商而达成共识，或者因为纠纷而产生矛盾。矛盾积累多了，对大家都不利。所以，各村之间，虽不是同一个家族或者宗族，也想处好关系，有什么问题就商量着解决。来而往之，形成了村与村之间较密切的走动。扒龙船时，各龙船之间，也会有礼节性的来往拜会，这类走动与拜会，使沿河各个不同姓氏的村庄，就结成了“众亲”，意思是大家虽不是同一个祖宗，但也像亲戚一样，有快乐大家同享，有问题共同解决。当外敌入侵、匪患严重的时候，这种众亲关系可以有效动员各村力量保护大家权益。所以，“众亲”意识在大圩许多村庄之间都存在。毛村圣母宫里，原来保留有许多周边各村走众亲时赠送的牌匾，这些牌匾，就是表达这种情谊的载体。可惜的是，绝大多数此类牌匾都在历史长河中消失了。现在，圣母宫尚保留着一块这样的牌匾，牌匾称毛村为“毛大姐”，大约是因为这里供奉的是圣母，故对毛村以“大姐”尊称。

“众亲”也是亲戚，是亲戚就要互相走动，增进情感。但是，走动多了，也会影响生产、浪费钱财。毕竟走众亲的经费也要靠大家支持，分摊多了，对民众生活，尤其是对经济条件较差的村民生活也会造成影响。大圩人知道这个分寸。于是，与扒龙船的年份结合起来，约定“十年一走”，且如赶圩的圩日一样，适当错开时间。比如，牛河流域的村庄，“逢七（指公历尾数逢“7”的年份，如 2017 年）众亲”，马河流域的村庄则是“逢八众亲”，既与扒龙船的年份同步，又与扒龙船这项重大社会活动关联起来，起到一举数得的作用。

2017 年，我曾专程赶到毛村去看走众

左：舞狮是比划龙舟更
常见的民俗活动
右：大圩走众亲的场景，
那种亲热非常感人

亲的热闹，我到得稍晚了一点，走众亲的队伍已经从田间道路出发往桂局村去了，因为桂局村（廖姓为主）是毛村（黄姓为主）的众亲。于是，我赶紧驾车绕公路往桂局村赶去。我赶到桂局村头的时候，恰好桂局村组织的欢迎队伍拥簇在村头，毛村的走亲队伍也刚好进村，两支队伍各有舞狮队，两

只狮子在村头的路上互拜不歇，很是敬重对方，加上炮仗声阵阵，硝烟腾绕，很是热闹。拜迎完毕，主人就会将客人们迎到祠堂坐下，摆开酒席，对饮畅谈，畅叙往昔、憧憬未来。那种场景气氛，非常感人。

走众亲场景：前来拜亲的狮子和出村迎亲的狮子

姊妹节

在传统文化里，扒龙船和女性是无缘的，除了站在岸上看看热闹，女性不能参与扒龙船的所有相关活动，这是上千年的男尊女卑意识对民间节事的浸染。当然，这种落后的社会意识，如今已经没有立足之处，我们甚至可以欣赏到女子龙船队的风采。

在历史上，女性虽不能参与扒龙船这类社交活动，却也在寻找和创立自己的社交机会。随着社会的逐渐开放，这样的机会终于出现了。

大圩一带，有一个带有追求男女平等意识的传统节日，叫“姊妹节”。人类繁衍、社会发展，总要有婚姻这个重要的社会现象伴随。女孩子长大了，出嫁了，以前的闺密，就很难再见面。偶有机会回娘家，以前的闺密也已经外嫁离开家乡。大年初二有回娘家的传统，闺密们可以在这一天见面，但这一天又是和娘家人相聚的日子啊。以前的闺密，难道不可以有一个属于自己的见面欢聚的机会吗？

于是，今天的大圩及其周边，以前的桂林东乡之地，就出现了“姊妹节”，即闺密们相聚的日子。据说这个节日于清末民初时起源于大圩鼓楼街、泗瀛街上，刘廖周李等不同姓氏的姊妹们相约在六月六前后相聚。相聚时，姊妹们自然要先展示自己的才华，将这段时间自己做的绣品、纳的鞋垫、缝的香包等，拿出来互相欣赏、交换。姊妹相会，免不了要一起吃饭喝酒，这饭钱，有时是某家做东，更多是众姊妹一起拿私房钱出去放息，利息钱用于这方面的开支。大圩是商业集散地，有放息的市场。久而久之，这类沟通感情的活动就传到周边村庄，成为这一带的特色文化，几乎每个村都有此类节庆。姊妹节那一天，除了姊妹相聚，后来还发展到请亲友共聚，亲友又邀请附近村庄的亲友来聚，规模也就越来越大。为了避免各村过姊妹节时互相争嘉宾，这姊妹节的日子也和圩日一样，各村之间是相互错开的。我在雁山区工作的时候，曾有同事约我到同属东乡的柘木过姊妹节，因为出差，遗憾错过了。很多年后，我参加过灵川县江头村的“姑娘节”活动，其实就是这个“姊妹节”的另一种称谓。

宗祠和乡约

▼在任何景观中，最基本的政治要素就是边界。

自治与互助

约翰·布林克霍夫·杰克逊在他的《发现乡土景观》中强调过一个美学观点:“在任何景观中，最基本的政治要素就是边界。”边界，不仅是视觉欣赏所需要的审美概念，也是社会治理所需要的审美概念。杰克逊的这个观点，很恰当地说明了传统乡村之间的关系:两个相邻的村庄若是融洽，它们就可以被看作是一体的风景，它们之间的关系，由道路、桥梁、津渡等联结起来;若二者发生冲突，它们只能各自成为风景，它们的边界成为矛盾交界之处，随时可能爆发或大或小的冲突。这类或潜在的或显现的问题，如果不能得到妥善的解决，则相关村庄的生产、生活都会受到影响。通过什么力量来解决这类不同家庭、不同姓氏族群、不同村庄之间的矛盾?数千年的社会发展史告诉我们:依靠法律和道德的力量来约束人们，使人们养成行为规范，就能有效避免冲突，促进社会关系和谐。

法律的力量在官府。在古代中国，官府机构只建在县一级，大圩这类规模较大的圩市，会设附属机构，如巡检司、盐运水利分府等，但乡村主要靠以乡绅为榜样的道德自治。我在大圩游玩，有时会把精力放在寻找钩沉乡村自治的文化遗存上，这同样会有令人开心的发现。

圩场是商品交换的场所，也是村屯之间来往的重要社交场所。圩场秩序良好，受到客商的欢迎，生意就做得好，对周边地区的辐射能力就强。这个道理，圩场的居民都懂。历史悠久的圩场，也就在历史的演进中形成了很好的包容性和自治能力：圩场上提供交易的商品，如粮食、农具、日用百货，自然是各村屯居民所需，其提供的精神文化产品如演戏、杂耍、占卜等，也不会与各村屯的文化认知相冲突。

大圩大码头甬道口，立有地方团练机构的市场管理碑，这就是一种圩市市场管理自治的证明，因为这里的居民已经明白：如果经商环境不好，客商不来，这里的物品就卖不出去，外面的物品也就难以进来，商铺老板赚不到利润，扛包打工的找不到活干，做餐饮小吃的会失去大量的主顾，整个圩市甚至周边乡村都会变得萧条。基于这样的认识，当一些小混混想蛮不讲理在此地欺行霸市时，乡绅和富商就会出面组织众人加以制止。众人赞同的事情，形成规范，并刻于石碑上，算是事前有规定可遵守，事后按规则来处罚，于是就有了大圩市场的正常秩序。在这个过程中，那些品行好且有经济实力的商铺老板，通过日常生活中的好善乐施、接济贫寒、操守公正等行为，提升自己的影响力，成为街市邻居的精神楷模，当他们出面制止市面上出现的

大圩大码头的市场管理碑记

以强凌弱、以大欺小、抽头获利等不良行为时，那些恶势力知道这些乡绅的影响力，一般也会退避三舍，表示顺从。民间对那些横行乡里的恶势力，也有相应的故事教化。

社会是复杂的，刻在石头上的规则不可能解决所有问题，生活中的恃强凌弱现象总是会寻找机会冒头，老实人被欺负的事屡禁不绝。当这类情况发生时，如果没有社会力量出面纠错，就会形成仇恨与复仇。我在采访中听到过这样一个故事：清末，大圩码头上一名挑夫因为不满被人抽头而反抗，竟被活活打死。这名挑夫的儿子年纪尚小，无力为父亲报仇。民国建立后，此儿离乡从军。多年后，随军队驻扎在附近，此时他已经是一个军官，带着马弁回到大圩街上怀旧，也算是衣锦荣归的显摆。没想到，在塘坊码头甬道，竟然意外地与那个打死他父亲的仇人迎面相遇。甬道狭窄，无法避让，对方也无处逃脱。这名军官利索地拔出手枪，将仇敌击毙，然后让马弁带去投案。我不知这个故事的真实程度几何，但从中可以看出，那种追求公正和报应的意识，是大圩人文化基因的组成部分。

中国乡村文化的重要底色之一，是族群互助意识。从生命本能来说，远古时期人类力量薄弱，需要通过族群互助来获得生存条件。从文化传承来说，儒家理论构筑的社会伦理结构，是族群互助意识形成的契机。绵延千年的乡村自治传统，便是这种族群互助意识的表达。扶正祛邪，需要大家抱成团的力量来引导。在经济落后的农耕时代，那些散落在乡村的公益事业，如铺路、架桥、建庙、集会，除了有乡绅身体力行地推行和倡导，更需要众人共同的力量来施行。

连接鼓楼街和泗瀛街的万寿桥，始建于明代，电影《刘三姐》曾在此取景，此桥也因此成为名桥，去大圩游玩者，都会到这座古桥上怀古观景。

万寿桥位于马河汇入漓江的汇合口，是潮田河沿岸诸村村民到大圩的必经之路，惠及面很大。修筑万寿桥，需要较大的资金投入。在古代，这类公共设施，不可能有官方资金运作，只能靠富豪赞助或者众人集资，才能建成。如同散落在乡村里的许多桥梁一样，万寿桥也由周边各相关村庄的村民共同集资修建而成。此桥落成后，潮田、大埠、袁家、吕岸、茯荔一带村民到大圩来赶圩，颇为方便。

南方酷暑，行人甚苦，有心人会在重要的道路旁修建凉亭，为行人歇息提供方便。万寿桥是大圩街上的重要通道，当然也少不了凉亭，大圩人就在桥侧建亭，以供行人歇脚观景。然时长日久，桥圮亭毁在所难免，重建维修，又耗资极大。于是，“集乡人公同酌议”，周边各村如潜金村（今潜经村）、东岸村、上敢兴村、下敢兴村、大埠村、古东村、豆豉井、杨梅村、留村、力脚村、高宅村、上茯荔、石家渡、力村、袁家村、辛坡村、下茯荔、上吕岸、狮子坪、车头村、上西岸、新村等，均捐钱捐物，鼎力相助，众人拾柴，落在个人身上的负担也不致沉重，终于使重建工程顺利完工。如此规模的社会动员，可见当时的基层自治有很好的基础。

隆安街上有一个古老建筑叫雨亭，始建于民国八年（1919年）。此时，皇权已倒，民国肇始，人心追求自由开放，社会文化活动兴起，大圩街上的几处会馆，均具有同乡会性质，与大众文化要求有一定差别，故需要另行兴建，以求社会新貌。雨亭，就是这样一处用于居民看戏、交流的场所。建造费用，自然也是乡绅首倡，众人响应，各自依能力解囊捐建。对历史细节感兴趣的人，今天也仍然能够在雨亭前所立的石碑上读到这些内容。

“雨亭”之名，颇为文雅。为何取这样一个斯文的名

修建雨亭碑记

字？没有记录也没有传说，只能任人猜测。我猜想：大圩之街，原来只囿于老圩街一段。中国开埠以后，此圩街方逐步沿漓江向下游伸展。地灵街以东，以前并不热闹，只是潮田、熊村、草坪方向过来赶圩所经之径，按照广西的传统，道路上间或会有凉亭、水井，以便行人歇息、解渴之用。这里恐怕原是一处凉亭，在此歇脚可以观赏江景，若遇雨恰好连躲雨观景一并解决，故名雨亭。后来，大圩一直向下游发展，这雨亭成为寸土寸金的大圩街道中一处难得的公共用地。建设戏院戏台，借用此公地，不必与商人争利，还可得地段之便利，故将“雨亭”之名继承下来。

这个猜想，有无道理，可任君评说。

福星街有大圩医药会旧址。此医药会原主要用于居民去世时停放棺材。民国十八年（1929 年），种痘免疫已经开始普及，需要有为儿童种痘的地方，但如此一来，则棺材难以停放，办理丧事也受影响，于是，由乡绅们张罗，众人集资，向旁边胡姓居民买下地盘，对医药会进行扩建，以利善行。

大圩各村，以前都有不少叫“会”的组织。这类“会”，并不是经济组织，而主要是集众人之力，用于救济或者解决公众活动开支的社会组织，沙桥村、毛村还保存有相关古石碑。圣母宫里的《鼎建圣母庙碑记》中就记载，为了建设圣母宫，有忠义会、双龙内会、圣母老会、聚隆家会、双隆会、五胜会、双连会、双胜会、广隆会、大兴会、土地会、议诚会、双庆会、万胜会等共计 54 个会，各捐款银子数两不等，后面则是以个人名义捐款的名录。这些“会”中的相当一部分，是在外做生意的黄氏族人，不忘承担在家乡应尽的责任：会员们出资，购买会田，这些会田的收入，或者用于专项活动，如祭祀祖先，或者用于帮助会员渡过经济难关。这些民间组织在历史上的存在时间很长，说明在当时社会，“会”这种组织已经深刻地与基层民众生活交织在一起，并深刻地影响着民众的生活。后来，随着土地改革和集体化，“会田”消失，这些“会”也就消失在历史长河中。

村规民约

行善积德，需要社会自治加以扶持。约束不良行为，倡导社会教化，也需要通过社会自治加以规范。

鸭子，本是农村常见家禽，但若养鸭人随意放养鸭子，便会对稻田生长造成破坏。这类不讲道德的行为，需要进行规劝。道光年间，崴陂村、大宅江、大村、毛村等 4 个依牛河而相邻的村庄，就禁止养鸭达成共识：“夫鸭，一微物耳，近因有养之者，只徒知利己，而不知损人，遇春及播种西畴，遇秋及五谷垂成，不预立禁约，诚恐子弟无知，一放成群，践踏作业，殊堪痛恨。今会合崴陂村、大宅江、大村、毛村公议，永禁家凫。”此禁约同时禁止偷盗茅草、树木、禾苗等。此禁约刻碑留存，原碑至今仍保留在毛村圣母宫内。

禁止养鸭，说起来是鸡毛蒜皮的小事，但又事关各家利益。如果没有预先的约定，张家鸭吃了李家谷，造成纠纷，非众人所愿。扩展开去，如果此村的鸭子去彼村的田里，毁坏了庄稼，造成村与村之间的隔阂，是众人不愿意看到的。防患于未然，就需要达成共识、取得各村各户支

善利庙里保存的石碑，显示出古代大圩村庄有着许多的会社组织

持。预先写成条文，免得发生鸭子食谷之类小事，避免相关人员处置时发生无端争执，这也显示了村民绅老的智慧。

各村为了维持秩序，立有禁约，村民务必遵守，这是古代中国农村的常见自治办法，岭南多石，许多村庄将禁约刻碑以存，这不仅使乡村自治有案可查、有规矩可依，也使后人能够通过这些碑刻了解乡村历史的细微末节。

我读过大圩不少禁约石碑，但沙桥村的一块禁约却让我有些纳闷。这块石碑刻于清乾隆二十五年（1760 年），现存于沙桥村李姓宗祠内。碑文写道：

所禁各条开明于后

亲家竖造，不许蒸馒头、用恙(糕)，亦不许贺匠。彼此相免。

亲戚家等修造斋醮，不许蒸馒头。

有男外甥及女外甥出阁，并不许蒸馒头。

村中老人辞世，不许用肉，只用豆腐与豆。本村人来柩前吊烛烧香，不许用布。

如违者，罚银一两，入于宗庙。

乾隆二十五年岁次庚辰正月初二立

碑文意思很明白：要节约、不要排场，以免攀比，并且以禁约的形式约定，也可让一些讲面子的人有台阶可下。我的问题是：为什么将“不许蒸馒头”写入村规民约？

我带着这个疑问，询问了很喜欢钻研地方史的沙桥村人李禄锟。他反问我：“你不知道以前馒头是奢侈品吗？”

哦！我竟然忘了这一茬：勤与俭，向来是国人持家修为的重要指标，这份村规民约，不就是为了强调俭朴、减轻村民负担吗？“不许蒸馒头”，其实就是推崇节俭之风。节俭，是耕读文化中的重要元素。通过这一条小小的约定，举一反三，起到了很好的张扬社会良好风气的效果。

桂林属于喀斯特地貌，加上地形陡峭，存不住水。雨季时水多为患，秋冬时水少为灾。大圩地处丘陵，水系发达，但古时农村毕竟要靠自然来水解决生产生活问题，各村之间，甚至一个村子各户之间，为了争水而发生纠葛也是常有的事情。这类纠葛，如果引起的后果较小，无非拌几句嘴，纠纷大了则往往会引起械斗，诉诸公堂。官府处理此类案件，不仅要从冲突本身的主次矛盾入手，更要考虑如何解决争水这个深层次矛盾，才能做到一地的长治久安。清道光七年（1827年），力脚村李惟先、大村李开泰、牛岗头村李克纯将马家村马芝云等告到官府，说后者用石块堵塞圳水，有碍种田。“有碍种田”可是大事，毕竟农耕时代，耕田为要，皇家的税收也主要来自农田。所以，县衙李知县接诉状后，立即派差使传讯，细审详查。调查得知，南陂堰水源由马家村顺流而下，所有流水，各圳自应疏通，不得堵塞。于是，李知县命令李惟先、李开泰等急着用水的原告，将圳内瓦片、石块概行挑去，以免淤积。李知县又怕马家村的人借机生事，还担心李惟先等人也借挑淤名目滋生事端，于是要求两边各安本分，不可损人利己，致滋讼端，而蹈法网。于是要求：

> 宪遵断具遵结，马家村廖登业、马芝云等，今当太老爷台前，实遵结得古圳一道，李惟先具控蚁等堵塞古圳断令一案，今蒙讯断，今古圳马家村之浮泥、瓦石任从掏挖，蚁等不敢阻挡滋事，如有阻挡滋事，愿甘领罪，所具遵结是实。
>
> 南陂堰坝崩塌修补，牛岗头公占一半，大村、力脚共二村同占一半。

瞧，连堰坝崩塌修补的费用问题，李知县也明确了各村分担的比例，算是尽心尽力了。

李知县断了此案，相关村庄尚感不足，还公议如下：

> 大村所管客田、石家渡、桑林村、龙旱塘、新宅村、钓鱼山、毛村、傥陂等村轮流堰长，每年每百斤谷田纳堰谷二斤净，纳钱二文入庙春秋二祭。堰坝堰长所管堰之工食，如有短少，望田担割禾66兜，但崩塌论田修补，永远遵照。

上述公议，包括各村使用此堰坝的轮值管理、费用分摊，均写得明明白白，在知县面前议成，与知县的告示共刻一石，官文民约共生互衬，成为相关村庄用水管水的规范文本。

清光绪年间，石家渡等7个村庄之间的一条沟渠（方言称作“圳”）因常年无人疏通而被淤泥杂石堵塞，造成渠水自上游处就漫流河中，下游多村田地无水而旱。长此以往，不是办法，各村耆老商议，由各村合力将此圳开通，以利灌溉。合议达成，担心以后某村阻碍用水而造成纠纷，于是乎这7个村庄请来了“大圩联团局”这个“上级”自治单位的徐老大爷做证立据，并将协议条款刻于石碑，协议规定：用水紧张时，上游村庄应夜间用水，不得控制水源，下游村庄白天用水，不得强车霸戽，以免各村生隙，表示“日后，如有一村不遵约束，有余之水或出首阻挠壅塞，欠缺之水或出首强车霸戽，任凭徐老大爷照例纠治”。

村庄之间的约定，除了行为约束，也注重人情味。

清乾隆元年（1736 年），上伏荔村戒珠寺内立了一块碑，内容是上伏荔村和下伏荔村的村民商议共用水源的约定：

鼎新平山涝碑记

为首头人：秦继还、蒋其秀、秦德秀、秦君飞、秦德兰、秦君臣、秦君惠、白君仪、廖祥云、秦文林、秦胜朝、秦君礼、秦甫珍、廖正云、秦子良、白启鳌、廖文光、秦世苍。

上、下二村竖立公议石碑，历代子孙永远为记。

今有平山涝塞塘聚水，恐有天地高旱，将水救田，已后开塘放水，其水是以田均分，不得多占，虽水见田均分，有田之人出过银钱实可分水，有田不出银钱不得分水。如有横行棍徒强挖分水过界，罚银十两。今上、下二村老人等公议，北圳源泮里，借寺田头平石分水三分，分一份水从德秀田过水，下涝二开塘放水，上圳押水三份，二份到下涝。北圳源借寺田头平分水，不得将大堰上之人阻隔。如有阻隔，将银重赔北圳源人之银两，若有不开塘放水，不许北圳源人强在寺田头分水，如有强势横行之人，若不开塘放水强挖分之水，锁拿碑前，罚银十两。黄腊里出水，到君荣长田交界止，黄腊里尾田要水，照旧额上通水下田到国礼、忠华、亨礼田止，天子塘石壁底国礼、德美、俊云田止，上通每亩出银五分。

一禁偷水源泉树木，罚银一两。

二计开请饭出银、出米姓名于后：

李之国请上、下二村每名饭一餐、肉半斤、酒半斤。秦德秀请上、下二村和每名饭一餐、肉四两。

秦君臣请上、下二村每名饭一餐，肉四两，酒半斤。每田豆子一碗，青一块，盐一勺。

白君仪银二两五钱。白君思银一两五钱。蒋其秀银一两五钱。秦胜芳银一两。秦胜朝银一两。

白启鳌银一两。廖祥云银八钱。廖文光银五钱。秦子选米十二桶。廖明盛米十桶。秦世源米十桶。

秦金良米六桶。僧普泰米十桶。秦文清米六桶。秦金仲米三桶。秦君飞米四桶。秦继还米四桶。

大清乾隆元年丙辰岁孟春月□日立

我之所以不嫌麻烦地将碑文录于此，是因为这碑文实在承载了不少信息，不是用我个人的语言就能完整复述的。比如，以田亩数为分水原则，显示了公平。享受分水时要出钱，体现出资源价值，也能保证水塘和沟渠以后的维护有可持续性。对分水口具体地点的表述，是为了防止有人半途掘口抢水。最有意思的是碑文的后半段，后面这些出银出米者，就是享受用水的“出银”吧，那些米啊、肉啊、酒啊、青啊、盐啊，就是实物性的银两了，都是可供村民们聚餐的食物。每家出资不同，估计是每家的田地数量不同。

名人游踪

▼从桂林到阳朔的漓江段，虽然下游风景名气更响，可上游文化积累更厚重，历史上，有很多名人在大圩留下了他们的踪迹。

石刻上的名人游踪

在磨盘山下游的旅游码头修建以前，游览漓江的游客，都是从市区滨江路一带的码头上船的。游船启程以后，沿途可看到象山、穿山、塔山、南溪山、斗鸡山、净瓶山、父子岩、奇峰竞秀、大圩古镇、磨盘山、寡妇桥等景致，然后才进入今天的观景航程（一般是指大圩下游的磨盘山旅游客运码头至阳朔码头）。因为旅游繁荣、交通拥堵，影响了城市的正常运转，有关部门将码头迁到磨盘山下游，分别建设了竹江码头（由原国家旅游局投资，1982 年动工建设，1985 年投入使用。按照原来的管理模式，属于“外事码头”）和磨盘山码头（由交通运输部门投资，1990 年动工，1993 年竣工，属于“内事码头”）。虽然磨盘山码头至今还属大圩辖区范围，竹江码头也与大圩相邻（历史上与大圩同属于东乡），但这两个码头在游览行程安排上毕竟绕过了大圩古镇，使大圩逐步淡出游客视野，不少旅桂游客因此忽略了这座千年古镇。

我们今天可以考据得到的最早到大圩游览的人叫吕三

畏，是宋代官员。

宋绍定六年（1233 年），吕三畏奉上峰之命，到大圩进行公务采买。他的这次公差，本是代他人履行公务而有此次大圩之行，“兹捧帅檄，代庖征市”。那时的大圩叫长安市，不知道这是不是正式的官方地名，也许就是人们觉得这里的繁华类似长安，取了此名。

在大圩办理公务期间，吕三畏发现大圩风光无限，山川皆美，游玩之心遂起。除了观赏大圩漓江景色之外，他也去游览了圩镇北侧的虎岩，并在岩口处刻下他此行写下的短诗。其一：

温陵吕三畏敬夫，兹捧帅檄，代庖征市，涖事之三日。朝谒佑圣，因游虎岩，乃留二韵。绍定癸巳仲冬四日。

虎踞斯岩阅几秋，
金堂玉室闷清幽。
不因承乏长安市，
即得新诗纪胜游。

公干之余，看看名胜，题写一两首短诗，是那个时代官员的重要休闲方式。吕三畏此次虎岩之游，不是为了看洞穴风光，而是去那里祭拜真武大帝，因为虎岩有道观，观内供奉着真武大帝。

这篇连序带诗的石刻，文化价值不算高，历史价值却不低。它不仅是我们所知的最早吟诵大圩风光的诗作，而且它的序文交代了很多信息：在宋代，静江府竟然派员到大圩来采购，说明这里的商业交易规模已经堪比闹市；吕三畏此次在大圩至少逗留了三天，他的采买量一定不少，要在这里等货；虎岩已经有了真武大帝的塑像，一介官员慕名而来，证明这里是香火很盛的地方。在吕三畏到访虎岩之前，这里已经成了游人喜欢游览的名胜。吕三畏这样一个官员，有游胜之兴，但一般不会有探险之情。换言之，那时的虎岩，已经是一处名胜了。

虎岩因何得名？关注大圩历史的人往往认为，因为这个洞口很像老虎张着的大口，故而得名。此说虽也站得住脚，但有没有别的缘由而取此名呢？

大圩位于桂林东乡，此地山深林密，自古也是虎豹出没之地，一直到民国年间，这一带还经常出现虎患。桂林多洞穴，大圩一带，洞穴却不多，此洞是否为曾经的虎穴呢？在大圩形成人口密集的圩市以后，即使老虎，也会退避三舍，将栖身之地迁往大山更深处，但在宋以前，很难说这里不是虎狼经常出没的地方啊。

在吕三畏游览虎岩20多年后，宋宝祐四年（1256年）重阳次日，权桂州知府的徐敏子，借公暇之日，携孙儿，并带一群随行人员，来到大圩“纵靶东郊，遍观穑事”。徐敏子从内心里喜欢这里的风景，说大圩“松篁郁茂，民物熙恬”。在问农观景中，“不觉至虎岩，酌酒啜茶，一笑而去”，并且题下了“虎岩”两个擘窠大字。

徐敏子竟然是“不觉至虎岩”，可见那时的虎岩已经是名气响亮的胜地了，从圩场街上到虎岩，一路人声不绝，才会有“不觉”之感。一行官员闲步至此，还能坐下来“酌酒啜茶”，说明当时的虎岩已经有了相关服务项目，可供有消费能力之人享用。

除了吕三畏、徐敏子，元代的陈彦古、明代的秦初等人，也都到过虎岩游览并题字。

元至元十四年（1277年），全州路总管府同知陈彦古，一个三品官员，因督饷路过大圩，也游览了虎岩，并题诗于岩上。那时候的灌阳属全州路，这位陈同知，是借道大圩去灌阳吗？按理说，全州距离灌阳不远啊，他是到静江路来公干，然后经此地返程吗？“督饷”二字，是否粉饰自己也是公干而到此呢？这算一个有意思的历史小猜想吧。

游客渐多，宗教兴盛也带动了虎岩的人气，虎岩不但设立了寺庙、道观，香火旺起来了，久而久之，甚至成了大圩人安葬逝者的坟场，估计是请寺庙、道观里的人做道场方便吧。

诗文存，大圩兴

大圩泗瀛洲古街上，有一处老房子挂着“缙绅楼”的牌匾，还挂着解缙写的以大圩为题的诗，似乎是暗示明朝大学士解缙曾在这里住宿。

大才子解缙确实到过大圩，还留下了一首流传颇广的写大圩的短诗。

明永乐五年（1407 年），曾任翰林院学士兼右春坊大学士、为太子讲学的大才子解缙，因为在接班人问题上乱说话而失宠，以“廷试读卷不公”的罪名，被贬为广西布政司右参议，在桂林生活居住过一段时间。

解缙旅桂期间，走访过不少名胜，留下了许多吟咏桂林风景的诗歌。某日，解缙乘船自桂林下阳朔，路经大圩时，泊船过夜。这时的解缙，虽然官职降了，但在广西仍然是一个大官，还享受着地方高官的待遇。到大圩游玩，他不会住在狭小的民船船舱里，也不会住在那些供来往客商下榻的小旅馆，他入住的是码头旁边的官方馆舍。馆舍在江岸高处，依江而建，码头通道从旁边经过，下船便可入馆，不必打扰居民，也可图得清静。

清晨，解缙从馆舍中醒来，推开窗户，抬头望向窗外，只见微风吹开了清晨的江雾，古镇里晨炊渐起，与江雾缠在一块，江面上的渡船已经有人过渡了。他伸个懒腰，打开房门，步过天井，站在街市上，端详着大圩街市上的风土民情。晨曦中，一个男人，山里少数民族装扮，在早点铺里匆匆用过早餐，抱着头天晚上买的食盐，开始赶路回家了。大圩乃漓江岸边一处重要的商品集散地，更是官盐经此贩向山中的重要节点。这个场景，一下子触动了解缙的诗情，一首小诗，从他心中倾泄而出：

大圩江上芦田寺，
百尺深潭万竹围。
柳店积薪晨爨后，
壮人荷叶裹盐归。

——桂林大圩

这首诗的前两句，写的是大圩的自然风景，芦田寺对岸的毛洲岛上，竹木葱茏，江流深潭处，正是停船泊岸的好地方。后两句，则写的是大圩的社会生活状态：那裹盐而归的壮人，其家显然在很远的山里，所以昨夜回不去，只好在圩市店中住宿，一早就起身往家赶路。

明崇祯十年（1637年）闰四月二十八日，中国历史上伟大的旅行家徐霞客从灵川的海洋乡进入了大圩地界。他在日记中写道：

平明，饭而行。二里，西南出涧口，渡水，逾一小岭，又三里得平畴，则白爽村也。由白爽村之西复上岭，是为长冲。五里，转北坳，望西北五峰高突，顶若平台，可夺五台之名。又西五里，直抵五峰之南，乱尖叠出，十百为群，横见侧出，不可指屈。其阳即为镕村，墟上聚落甚盛，不特山谷所无，亦南中所少见者。市多鬻面、打胡麻为油者，因市面为餐，以代午饭焉。东南三十里，有灵襟洞；南二里，有阳流岩云。又西五里为上桥，有水自东北丛尖山之南，西过桥下，即分为二。一南去，一西去。又西南穿石山腋，共三里，过廖村。其西北有山危峙，又有尖丛亭亭，更觉层叠。问之，谓危峙者为金山，而其东尖丛者不能名焉。又二里，有水自金山东腋出，堰为大塘。历堰而西，又三里，复穿石山峡而西，则诸危峰分峙叠出于前，愈离立献奇，联翩角胜矣。石峰之下，俱水汇不流，深者尺许，浅仅半尺。诸峰倒插于中，如出水青莲，亭亭直上。初二大峰夹道，后又二尖峰夹道，道俱叠水中，取径峰隙，令人应接不暇。但石俱廉厉凿足，不免目有余而足不及耳。其峰曰雷劈山。

白爽村，今天叫百�村，属于涧沙村委。镕村，实为熊村。在徐霞客的日记中，常有这类声音相近实则写错的地名，估计是口音差别所造成。他笔下的熊村，“聚落甚盛”，可见是一个很繁华的圩镇了。这里的餐馆，不少是卖面的。在南方的食谱中，面食长期象征着稀罕、昂贵，可见熊村市面上的消费能力较强。

徐霞客经过上桥村的上桥，沿通省大道向桂林进发。上桥下游处不远，有小溪汇入，而不是徐霞客记录的“西过桥下，即分为二”。他在日记中写到的“又西南穿石山腋，共三里，过廖村”，后面的文字，写的是大圩黄沙河两岸的景致，语言极美，如诗如画。

大圩既然是一处商品集散的重要码头，除了上下船的客人，在漫长的凭人力划船时代，也有很多的客货船只，虽然不在大圩上下客人或者装卸货物，但会在旅途中选择在大圩靠岸，或者泊船过夜休息，或者上岸补充物资。

五月二十一日，徐霞客从桂林乘舟前往阳朔，路过大圩古镇。他在日记中写道：

> 渐转渐东北行，五里，则大圩在江右，后有山自东北迤逦来，中有水口，疑即大涧榕村之流南下至此者。于是南转又五里，江右复有削崖屏立。共隔江为逗日井，亦数百家之市也。又南五里，为碧崖，崖立江左，亦西向临江，下有庵。横山、碧崖二岩夹江右

左立，其势相等，俱不若削崖之崇扩也。碧崖之南，隔江石峰排列而起，横障南天，上分危岫，几埒巫山，下突轰崖，数逾匡老。于是扼江而东，江流啮其北麓，怒涛翻壁，层岚倒影，赤壁、采矶，失其壮丽矣。崖间一石纹，黑镂白章，俨若泛海大士，名曰沉香堂。

他在舟中见有小河入水口，便猜测“疑即大涧榕村（他在前面写作‘镕村’）之流南下至此者”，可见此公对地理知识确实比较熟悉，能够判断溪流走向。不过，他的这个猜测无法做到精确，因为大圩古镇处一共有三条溪涧在此汇入漓江，由西至东，分别：黄沙河（牛河）、马河、潮田河。也正是因为这样的四水相聚地形，才成就了大圩曾经的繁华。此是后话。日记有“逗日井，亦数百家之市也”之句，这个逗日井，就是今天的茯荔、古东靠漓江江岸之处，古人撑船经黄牛峡逆行长滩，如果到此已经天黑，难以抵达大圩安歇，往往在此泊船，故亦成市。

碧崖之前，是今天的大圩镇范围。碧崖之后的风景，今天属于雁山区，但以前则左岸属于大圩，是好看好玩的去处。不过，这里的河道，经过历次的疏通和修筑，江流集中在左岸，以便航行，却少了一些古时的“下突轰崖”“怒涛翻壁”的气势。

五月二十七日，徐霞客从阳朔返程，再次经过大圩：

味爽出峡口，上寸金滩，二里至卖柴埠。西面峰崖骈立，沉香堂在焉。又西北三里，其北麓有洞嵌江，舟转而东，不及入。东三里，至碧岩。其岩北向，石嘴啖江。其上削崖高悬，洞嵌其中，虽不甚深，而一楹当门，倚云迎水，帆樯拂其下，帏幄环其上，亦凭空掣远之异胜地也。于是北转五里，过豆豉井。又西北五里，至大墟，市聚颇盛，登市蔬面。

这一次，他下船登岸，在大圩吃了午饭，“市聚颇盛，登市蔬面”。

日记中的“碧岩”，他在前几天的日记中写作“碧崖”，倒是正确的，这一天可是写了错字。从他笔下可知，当年的碧崖，也是一“凭空掣远之异胜地也”，可惜的是，后来因为修建沿江公路，这座山崖最可观的部分被炸掉了。

他的这篇日记提到的“豆豉井”，就是前几天日记中写到的“逗日井”。正确的地名，是“豆豉井”。豆豉井，以井而得地名。为什么用“豆豉”命名水井？这是个有趣的事情。桂林辣椒酱很出名，制作辣椒酱，要用到豆豉，故桂林市场的豆豉需求量较大，以出产豆豉出名的桂江下游的昭平黄姚，也往桂林供货，没准豆豉井一带，也有村民制作豆豉，毕竟黄豆也是大圩的传统物产。还有一种可能，就是这口井太小，故以“豆豉”之名形容。

清光绪九年（1883 年）重阳，有一个叫张梦元的直隶天津人，从福建按察使、船政督办任上调到桂林，任广西布政使。两年后，张梦元又调任福建布政使。福建与广西之间，那时最方便的行程便是走水路，所以张梦元来去皆经漓江而行。离开桂林时，他在大圩泊船歇息。本来，他的这次歇脚，与历史上很多官员曾在大圩歇脚休息一样，并没留下什么痕迹。但与他随行的儿子张毅，却是一个喜欢写诗的年轻人。张毅的大圩之行，留下了一首给朋友的诗：

秋帆暂住大圩滨，
君返榕城我赴闽。
此日分襟休异别，
江风最易聚浮萍。

诗中的“榕城”，是桂林的别称。可见，张氏父子离开桂林时，他们在桂林的故友，一路送行到大圩方相别。

清代著名出版人金武祥，在任两广总督曾国荃幕府期间，曾游历桂林，他在《漓江杂记》中写大圩：“大墟为临桂东乡巨镇，由此以上，水路六十里，益形淤浅，中有桃花滩，滩狭而长，凡过此者须两三日或四五日无定，遂决计登陆，仆从均不愿也。”大圩上游水浅，舟行极慢，金武祥决定弃舟步行前往桂林，仆从却不愿意费力气走路。

金武祥对大圩旁边的碧崖阁记录尤细：“碧崖阁离大圩十五里，为临阳通衢，危峰兀立，俯瞰江浔，凿磴道，翼以石栏，上有洞，颇深窈，碑石林，立其碑，有乾隆四十三年（1778年）鼎建碧崖阁桥道记，又广福灵王庙记。余入洞小憩，视之，无阁无庙，并无所谓桥或阁与庙毁于兵燹，叹桥或峤之误，或曰临水处多洞，故谓之桥。”从他的文字中，我们能大致构想一下已经消失的碧崖阁景观之神韵。他还为自己从大圩登陆步行赴桂林写诗一首——《大圩登陆》：

莽莽秋风急，官程不计遥。
瘴云鸢跕跕，落日马萧萧。
汲水多村妇，耕畬杂峒瑶。
七星岩在望，前路指花桥。

使节笔下的大圩

明清时期，广西南部的安南（越南），是中国的附属国，安南（越南）国王经常会派遣使团到北京朝贡。这些使团，绝大部分选择走广西的水路北上，漓江就是这条水路的重要组成部分。这些使团中的一些，因旅途安排，会选择在大圩过夜。

清嘉庆十四年（1809 年），为贺嘉庆皇帝五十大寿，越南派吴时位为越南使节出使北京。吴时位在这次因公旅行中所作，集为《枚驿诹余》，其中有《大圩暮泊》一诗如下：

系缆村圩日色低，斜阳烟树蔚萋萋。
火残林木留枯干，水落江芹逗宿泥。
禾篆女归青乱岸，买盐人志白遗堤。
雨声断续闻将近，指点江城是粤西。

那时的越南，深受中国文化影响，所以高级官员的汉文水平很高。吴时位的这首《大圩暮泊》就很有中国传统诗歌的趣味。

清道光二十一年（1841 年），越南派李文馥为正使，率使团出使中国，李文馥沿途所著，名为《使程志略草》。书中写道：“（四月）二十二日，进至大圩塘，深暮，泊（大圩铺亦小都会）。”他在文字中特意强调大圩“亦小都会”，可见那时大圩的繁华是有名的。

官员日记，笔墨颇省，少见细节。所以，我们无从知晓李文馥一行暮泊大圩时，经历了什么、感受了什么。但我们可以从别人类似的记录中推测出一点东西来。比如，在李文馥出使中国七年后的道光二十八年（1848 年），一名叫裴柜的越南使节率团出使中国，他在日记中专门写到在中国境内的塘兵欢迎他们的情景：“北地每十里或四五里，置一塘或汛卡，兵丁六七人守之，盘诘奸细，传递公文。凡护送使部，各挟弓带箭，发炮跪迎。舟行两岸亦然。”裴柜日记中的“北地”就是指中国，若干里设一塘，置塘兵或者汛兵，如大圩有塘汛、塘兵之设，大圩的上游之龙门、下游之三滩，也均有塘汛之设。使团所到之处，沿途塘兵会挟弓带箭，发炮跪迎，“舟行两岸亦然”。可见，当他们的使船抵达大圩时，大圩的塘兵会放炮欢迎，会列队迎接。这类礼仪，是中国传统文化的重要组成部分，大圩之处，自然少不了。这放炮迎接的礼仪，很自然地会引起圩上居民和来往客商的注意。至于是否有人围着售卖货物，他们又是否在圩镇上观赏街景、察看民俗风情，我们只能靠想象来补充了。

孙中山在大圩

清朝被推翻以后，民国初，革命果实被袁世凯窃取。袁世凯在唾骂声中死去后，政权被袁世凯的党徒们走马灯似的轮坐，伟大的革命先行者孙中山先生深感需要组织一支革命的军队进行北伐，打倒北洋政府。民国十年（1921年），孙中山终于有了一支愿意跟随他北伐革命的军队。年底，孙中山率领军队从桂江北上，向桂林进发，想要以桂林为北伐大本营。这次军旅之行，孙中山先生也踏上了大圩这块土地。

孙中山的这次桂林之行，被胡适誉为“报界的先锋”的《时报》报道了详情，以飨读者。以下是民国十一年（1922年）二月九日《时报》第四版《孙中山赴桂林记》报道大意：

12月2日，孙率领军队于拂晓从阳朔县的杨堤解缆出发，船队浩浩荡荡向北而行，三个小时后经过冠岩，下午2时到达位于黄牛峡的乌桕滩底。乌桕滩滩长达数里，是漓江全程最为危险的航运河段，附近有潭叫沉香潭，意思是江流怒翻，可以沉香没碧，何况普通货物。此处水浅且急，加上漓江河床在这里有一个急弯，拥挤的船队无法抢滩逆行。在指挥官的一声号令下，所有军人乘员均下船登陆，让船处于空载状态，然后由纤夫水手以及一些帮忙的士兵，绷紧绳索，大声吆喝，拉船上行。声声整齐有力的号子声中，船队乃十分缓慢地向上游挪动。至下午5时，船队的前船已经越过滩头抛锚泊岸，仍有大量的船只尚在滩尾停顿着，等候一只一只地分别抢滩上行。指挥部派了吴旅长率先头部队先行乘若干只船前往大圩，与大圩“大总统欢迎会”的绅士们接洽，大部队则在滩前水静处泊船宿营。

3日晨，随着一声号响，大部队继续解缆前行。在距离大圩还有一段距离时，先期抵达大圩的吴旅长驾舟来迎，并向大总统报告：桂林欢迎大总统筹备处主任王乃昌，已经先期到达大圩，并与吴旅长进行了接洽，讨论了在桂林举行欢迎会的典礼细节，包括请大总统一行4日泊舟柘木圩，走陆路进城，桂林人民会在南门扎松枝彩门以示欢迎。

上午9点30分，北伐大军的前队先行泊岸大圩，并在河岸列队，向在此登陆的大总统敬礼。挤在码头看热闹以一睹大总统风采的当地居民，有二三千人，可说全镇能走动的人都来到了漓江岸边，拥堵在彩棚周围，气氛很是热烈。此情此景，虽是冬季，亦让人感觉浑身发热啊。

孙中山乘坐的靠人力才能拖动的电船靠岸了。孙中山与胡汉民、邓家彦等依次下船，向围观的大圩居民致意。

大总统发表了即席讲话，慰问勉励在场的诸父老，强调他的三民主义主张必将把中国带进一个进步的繁荣的世界。围观的民众则欢呼声不绝，他们盼望孙大总统光临之心情，犹如大旱盼甘霖一般。

船队在大圩停留了约一小时，继续起锚前行，但孙中山并没有立即上船，而是带着随从人员，走进圩镇，察看民情。《时报》刊载的记录说，大圩镇上有座古庙，当地人相传前清乾隆皇帝曾游此，故立此庙，庙中立有当时皇帝的万岁牌位——这篇报道没有写清楚，这个“当时皇帝”是十年前逊位的宣统皇帝呢，还是此时在台上的北洋总统徐世昌呢？事实上，大圩镇街上只有高祖庙，估计庙里立的是刘邦的牌位吧。那时是民国时期，打倒皇帝是全社会的共识，管它是哪位皇帝的像呢。于是，胡汉民命令手下撤去了那个皇帝牌位。

刊载孙中山到大圩的《时报》

民国游客到大圩

1934年元月3日，一个叫田曙岚的上海中学老师从草坪出发，沿江岸徒步来到大圩。田曙岚原来是上海的中学地理老师，因为深感地理教材不翔实，于是辞去教职，周游全国，实地探查。他如徐霞客一样，每天都注意观察所见所闻，写日记。他在大圩的文字记录，虽然不多，内容却很丰富。

田曙岚是从草坪沿江向大圩进发的，因路上遇雨，田曙岚的衣服被雨淋湿，他在下茯荔村的糖窑洞口，看见窑火正旺，于是借热烘衣，还顺便参观了村民在此熬制黄糖的过程。他记录这个熬糖厂，一共三口锅，蔗场则是一个大石碾，中有圆石柱二，以二牛曳之而转，工人将甘蔗插入两个圆石柱之间，那甘蔗被石柱挤扁，蔗汁流出，以竹管通入小池存放，待一锅蔗汁熬成黏稠状，舀出至第二锅，再将新榨的蔗汁倒入空锅中继续熬，以此形成流水线。糖浆熬到何种程度合适，全凭经验。第三锅糖浆出锅后，待稍冷，倾于大案板上，刮平，俟再冷却，用刀切成块，即可出售。厂主人还送了刚生产出来的黄糖给他，他坚辞不受，竟挡不住厂主的热情，只好收下。

到大圩后，田曙岚慕名去参观了虎岩，“岩前有寺，冷落无人，佛像亦毁。岩中有洞，颇为幽邃”。原因是，民国时期，全国曾掀起破除迷信、捣毁寺庙的运动。岩洞内有积水，阴森湿润，寒气逼人，因此他也没有过多逗留。晚上，田曙岚借宿于大圩区公所，第二天步行赴桂林。

1935 年年初，著名学者胡适，应桂系领袖白崇禧的邀请，到桂林观光考察，对桂林给予了很高的评价。在桂林考察期间，胡适游览了漓江风光。那个时代，是无动力木船，他乘船游览漓江时，游船下午才到大圩。因为要赶路，他并没有下船，只在日记中写道“这是一个很大的圩镇”。

1940 年 4 月中旬，广西大学教授盛成随学术考察团乘船到大圩考察。这一年，盛成刚过 40 岁，但已经是了不得的名人了：他 11 岁就秘密加入同盟会，追求革命理想。20 岁时，赴法国留学，在法国逗留十年，与各界名人来往密切。1928 年，他用法文写作的《我的母亲》在法国出版，受到文豪瓦乃理的赞赏，轰动法国文坛，成为巴黎文学界的一颗新星，荣获法国总统骑士勋章。他的作品甚至被选入法国的中小学课本。1930 年，他学成归国，很快成为文化界的活跃人物，与许多政要、学界大咖来往密切。抗战爆发后，他来到桂林，在广西大学担任教职，因此有机会参加一个学术团体的这次漓江之行，并且在大圩经停。

盛成写大圩：此时正逢圩市，三日一圩的赶圩人正忙着上船下船、装货卸货，进庙拜神、在街上围着看杂耍的人也很多。他经万寿桥向泗瀛街方向走去，“太平门上有瑞霭瀛洲，永安门额为祥钟泗水。桥柱有四石狮，桥下仅一孔”。万寿桥让他联想起北京的卢沟桥。圩市上有卖灵芝的、卖鱼虾的、卖书的，各种书都有，包括桂林有益堂及平乐高科街宝仁堂藏版均有。

盛成不愧是学人，这次大圩之行，他还顺便做了些社会调查和艺术观察，如：“大圩居民有一千八百户，出产有面及豆腐果。路边关帝庙，廊有二石础，上圆中凹下八角形，刻有虾蟹八物，与八卦八方之说，有关系否？过一住宅，门前斗栱下有木刻画竹甚工。”

游玩大圩以后，盛成继续乘船而下。江岸边的磨盘山以及乌桕树林，都引起了他的兴趣。

抗战时期，青年画家关山月在桂林住了很长一段时间，创作出当时就让他名声大振的《漓江百里图》。他的这个水墨长卷，是目前所知的最早的“漓江百里图”了。受他的影响，后人纷纷用画笔描绘“漓江百里图”。

为了创作漓江长卷，关山月自然少不了认真考察、观察漓江沿岸风景。1941 年 11 月，他的桂林朋友李焰生，江景越下越好看，這就是爲遊客證明，桂林的山水好處，實在是陽朔。四時左右，大墟在如畫的山下江邊出現了。我們在欣賞中登岸，入街過橋，下沙灘，到墟尾。看完了水車，一直向楓林中行。林前幾曲流水，一道夜橋，岸映蘆花，隄欄石卵。我們在荒岸上，向左一望，暮色蒼茫中，還見高山之上，樹還是青的紅的分錯着。說景之佳，是最好沒有的了。不禁又爲之口占了一首詩：『林有青樟岸有蘆，枝橋一水幾家紆。丹楓赤柿山原路，併入蒼茫景森森。』不是天將要黑了，大家還捨不得歸船呢。

夜幕下來久了，我們吃畢晚餐的宵夜飯後，遊小姐在篋中拿出由南華寺買來的名香，把幾炷燃着。縷縷的清香，透進了我們遊客的鼻管，山月順手取出秦琴在弄，幾個調子之後，巨贊上人又接着彈梅花三弄。我和民一於音樂是外行的，只是耳聽手勿動。末後，遊小姐也跟着彈了一曲。但是，大家還是不滿足，要求唱。『好！我來曲遊子思家吧！』小平請纓要唱，由山月彈琴，所謂夫彈婦唱，煞是有味。正在唱者聽者入神之時，小平忽然停止了不唱，高聲道：『我不唱了，游小姐哭了。』還是一個如何動人的場面呢？游小姐雖然極力否認，但否認的說話，已經有些哽咽。我們知道她從未出過門的，聽了思家之詞，不免是感傷，也不願小平再唱了。不得已，再轉而向巨贊上人要求，他以爲撫琴在家時雖學過，但出家後從未撫過，許多是遺忘的了。但是，他那純熟的指法，外行到民一也認爲好的。爲了打破愁思，也不能不服從衆議，莫辭再來彈一曲。更爲了要轉移游小姐的情感，由我提出請她唱燕子樓，『烏衣巷口夕陽晚，朱雀橋邊野草寒，逝水年華徒忘返——』一句一句曼聲唱下去。她在哽咽之後，唱來特別覺得酸楚，又是別是一般滋味。她唱完了，我也被

李焰生的漓江游记

特意雇了一只小船，陪同关山月夫妇、当时寄居桂林的佛教界巨赞大师和一个姓游的女士一起乘船游览漓江。他们上午从桂林起航，下午 4 时左右，“大墟在如画的山下江边出现了”。李焰生让船泊岸，充当导游，领着关山月等人，走到古街，向东而行，过了万寿桥，便下到河滩上，继续

潮田河与漓江的汇合处。关山月当年就与友人在这个洲子上游玩

前行，欣赏河岸的水草和红的、绿的岸树，向河滩中的一片树林走去，“林前几曲流水，一道板桥，岸映芦花，堤栏石卵。我们在荒岸上，向左一望，暮色苍茫中，还见高山之上，树还是青的红的分排着。晚景之佳，是最好没有的了。”文人李焰生还写了一首诗：

林有青樟岸有芦，
板桥一水几萦纡。
丹枫赤树山原路，
并入苍茫景亦殊。

从这些充满感情的文字可以看出，关山月一行人对大圩风景喜欢得很。

夜幕降临，关山月一行返回船上。这个细节值得注意：他们并不是在大圩的旅舍投宿，而是回到船上过夜，这是那个时代特有的旅行方式：一可省下床铺钱，二可免去住宿登记的麻烦，三可有效防止财物丢失。

在船上吃过晚饭，同行的游小姐取出从韶关南华寺买的名香点燃，在缕缕清香中欣赏夜景。关山月取出秦琴抚弦，几曲之后，巨赞又弹了一曲《梅花三弄》，游小姐也跟着弹了一曲。不擅音乐的李焰生只有倾听的份。随着大家的兴致越来越高，关山月的夫人小平主动请缨，要唱一首《思乡曲》，由关山月伴奏。歌声婉转，飘荡在大圩的夜空中，临船的客人也伸长了脖子往这边张望，游小姐被歌曲打动，泪水涟涟，这情景一下子拨动了大家的思乡之情。是啊，在这战乱时期，在这清寂的风景中，一首思乡曲，皆诉游子心。

当代名人与大圩

1956年3月，著名收藏家张伯驹、潘素夫妇和画家胡佩衡等人，为参加“第二届全国国画展览会”而专程到桂林进行写生创作。笔者没能查阅到张伯驹此次桂林之行的美术创作，但潘素和胡佩衡都有以桂林山水为题的美术作品发表、参展，人民美术出版社还出版了胡佩衡的《桂林写生》，这部画册以图文并茂的方式向读者介绍了他们这次桂林之行的所见所闻所感。美术界认为，此次桂林旅行写生以后，胡佩衡的画风为之一变，此后所画山水，“意境清幽，老笔纷披，墨色浓黛，气势雄奇奔放”。

从桂林乘船前往阳朔途中，他们也在大圩夜泊投宿，住在永兴客栈。胡佩衡写这个古镇:“这个地方的建筑，全是明朝古老的样子。这栋楼房和旁边的邻居，一切窗子栏杆等，都与古画里所见的样子相同。在永兴楼上，闲看江面，往北（应该是“往西”）能看得很远，远远的小船一只一只地从面前经过，好多都在大圩镇停泊，隔岸上的竹子丛林，很是繁密，树后的山峦起伏是一望无边。我到此地，正是斜阳在山，烟波浩渺，景物与别的时间不同。”他于是在大圩镇上写生，收入《桂林写生》一书中的那幅《大圩镇》，画面中有三四只船，他说“至少有三四十只”，为了画面简洁，没有悉数画出。他还听客栈里的老大娘讲了好些本地的故事。

美国前总统尼克松游览漓江，也是从大圩上船的。

1972 年，美国总统尼克松访华，成为中美关系史上的破冰之旅。如果说新中国在国际政治舞台上突破封锁是一出持久的戏，那尼克松的这次访华则是这出长戏中一个非常重要的环节。后来，因为“水门事件”，尼克松黯然下台。但中国是个重感情的国度。在 1976 年，中国政府再次邀请尼克松访华。作为一个在野人士，尤其是名声不好的在野者，尼克松自“水门事件”之后，不可能再发挥什么政治影响，在中美关系上亦如是。中国政府这次邀请，显然不是出于功利之心，而是出于真诚感情，并且仍然给予他元首待遇。

尼克松的女儿曾在此前游览过漓江，对漓江风景印象深刻。在尼克松这次访华动身前，女儿对他说：你此番去中国访问，如果有机会访问桂林，那一定要游览漓江。漓江太漂亮了。有了女儿的这个建议，尼克松在前往中国的行程方案中，就把桂林列入了不可缺少的访问项目。

中国外交部接到尼克松的行程意见后，非常重视。外交部礼宾司特意请了广西外办和桂林外办的负责人赴京，讨论具体的接待方案。

广西方面的同志赶到北京接受任务的时间是2月13日，尼克松访问桂林的时间定在2月27日，一共只有两周的时间。那时的广西和桂林，在社会发展方面处于很落后的阶段，要做好接待工作，有很多困难需要克服。比如，桂林甚至没有美国人吃西餐的黄油，需要北京方面支援，桂林也没有好一点的接待汽车，需要从南宁借用。如果说这些物资方面的不足，尚可以依靠“一方有事、八方支援”的传统文化精神来求得解决，那另一些与接待相关的更重大的问题，就很考验人的智慧了：2月是桂林历史上降雨量最小的月份，漓江是季节性河流，2月缺水十分严重，河床浅而陡，无法行船。所以，在1976年以前的漓江，2月是断航季节。现在，一位非常重要的客人在这个时间段来游览漓江，当然不能说“不”，可又怎样解决通航的问题呢？

礼宾司的领导问：可以采取办法补水吗？

漓江上游确实建有一个大型水库，叫青狮潭水库。这个水库的容积有6亿立方米，从今天的观点来看，往漓江适当补一些水，帮助适航，在水资源安排上不算很困难的事。事实上，在改革开放以后，青狮潭水库也一直承担着在涸水期为漓江调剂水量的任务（21世纪初，漓江上游又修建了川江水库、小溶江水库、斧子口水库等组成的漓江防洪补水枢纽工程，算是有效解决了漓江枯水期的补水问题）。但是，1976年的中国政治时钟上，时间的指针还在计划经济时段，农业强调的是“以粮为纳”，青狮潭水库的水，是为了春天灌溉农田、播种粮食准备的，不是为了某些人的游览而准备的。那时候，这是一种相当普遍的政治认识，没有人能够超越时代去安排工作。所以，青狮潭放水补水这一条路是行不通的。

广西和桂林的领导表示：我们回去向领导请示，但一定会解决游览问题，请中央首长放心好了。

广西外办和桂林外办的领导连夜赶回南宁，向自治区领导汇报接待任务和工作中需要克服的困难。

经过集思广益的讨论，最终决定：不从青狮潭调水，不影响春天的农业生产，游览船从适合起航的地方起航。经过交通运输部门的反复论证，领导决定：游船从大圩出发，到阳朔靠岸。

大圩镇是公社所在地，道路狭窄，人口较多，码头也较繁杂。如果从大圩码头起航，交通疏导和安全管理方面，又会出现新的问题。经过现场考察和研究，交通运输部门建议：起航码头放在大圩上游的石家渡。石家渡很安静，除了华侨农场员工和当地村民，几乎没有外人到此，从这里起航，大约十分钟就可以到达大圩，客人可以看到一个完整的古镇风光。

石家渡是个古渡，位于黄沙河与漓江的汇合处，是磨盘山西侧诸村去大圩的重要通道，清朝时期，这里有一个艄公的在册编制。1960 年，上级决定在这一带划出土地，设立华侨农场，农场主体在漓江南岸，一小部分在北岸，因为农场内部往来及前往桂林需要频繁过河，故将渡口从黄沙河的东岸改到西岸，建设渡口经费由华侨农场承担。这时，这个渡口已经扩大到车渡规模，但平时很少有汽车过渡，主要还是行人渡口。顺便说一句，我就是在这里学会划船的。

把尼克松一行的起航码头设置在石家渡，绕开了环境的杂乱和可能出现的安全隐患，在工作思路上确实是一大创造。但是，从桂（林）大（圩）公路到这个渡口，还有约两公里的土路。虽说桂大公路等级也不高，但毕竟是常见的碎石路面，车行无碍。这最后两公里的土路，汽车颠簸是小事，2 月下旬开始进入绵绵春雨季节，如果汽车在行驶中陷入泥坑，就很尴尬了。

考察组迅速将相关问题向领导汇报，相关决策也迅速确定下来：交通运输部门负责铺设这一段路面。

那个时期，是物资严重短缺的计划经济时代，什么都缺：缺资金、缺水泥、缺施工机械。时间也严重不足啊：只剩下 10 天时间了。

有效的执行力，来自各方面的大力支持：计划部门马上安排资金，物资部门立即安排水泥调配，交通运输部门迅速组织施工力量……虽然缺乏施工机械，但有关部门组织了上万名民工参加道路施工。果然，奇迹出现了，那条两公里的“专用道路”如期完工！

2月27日早晨，春雨绵绵中，尼克松一行的车队沿着这条公路来到石家渡码头上船。游船停泊在江中间——因为这一段漓江的北岸是浅滩型河床，船只没法靠岸。船工们在游船和岸边之间预先搭好了支撑架和木板，等候着尊贵的客人。尼克松一行顺利上了船，游船如期起航。这时的漓江，春雾如水墨画一般涂染着磨盘山，风景开始让客人们陶醉。随着一声汽笛拉响，左岸的大圩古镇若隐若现地出现在游客们的眼前。等到船过竹江时，天居然放晴了！大圩古镇“烟雨漓江”的画面，出现在了尼克松和他的随行记者眼中。

半年后，我从河南省调到桂林华侨农场工作，经过那一段非常少见的水泥公路，非常诧异。我的工友们就把尼克松从这里上船的故事告诉了我。这才有了写在这本书里的记录。

20世纪80年代，中国乐坛初步走入市场，许多经典老歌得以翻唱，王洛宾的西北民歌大受欢迎，音乐家王洛宾老人也成为那个时代的文化界大名人。一些有心的桂林人，就希望王洛宾能够到桂林来看看，最好能够为桂林写上一两首歌。桂林园林局工程师、女作家刘血花想到这里，就决定用自己的力量去实施。她通过关系联系上了王洛宾，邀请王洛宾到桂林来游览。王洛宾接受了刘血花的邀请。

1992年夏天，著名音乐家王洛宾应刘血花一家人的邀请到桂林游览。刘血花和她的先生、雕塑家黄君度在设计游览行程的时候，就决定要让王洛宾在漓江上玩三天，玩个痛快，看个透彻！他们雇了一只无动力木船，从桂林滨江路码头出发，慢慢漂下去。船只经过大圩时，刘血花特意安排木船靠岸，在大圩玩了半天。在大圩，王洛宾一行下船后，沿青石板铺就的古街到万寿桥合影，还到潮田河与漓江汇合口的那个河滩上玩了半天。王洛宾来到漓江边，那音乐创作的灵感一下子就被激发出来了。此次桂林之行，他创作了《家住清漓河水边》《漓江情》《漓江姑娘》《漓江情歌》等8首歌曲。让人略有点遗憾的是，王洛宾老先生久居祖国大西北，他创作的音乐旋律，西北风味太强烈了，这几首写漓江的歌亦如此，故未能传唱开。

唐景崧的墓地

大圩在历史上没有出过什么响亮的名人，但古镇对岸那座雄伟高大的磨盘山下，却埋着一个历史名人唐景崧。

唐景崧在晚清算是一个有影响的人物：他十九岁中解元，很快又中了进士，在京城混了二十几年，却一直是个小官。不甘寂寞的他，找到了出头的机会：中法两国为争夺对越南的控制权，摩擦日烈，战端即起。他主动请缨到前线去，为在前线带兵的刘永福出谋划策，居然真的取得了胜利！这场中法战争的后来结果，虽然最终走偏了，但唐景崧算是熬出了头，被派到台湾去当布政使。中日甲午战争前夕，台湾巡抚邵友濂，通过关系回到大陆，避开了前线，唐景崧代理台湾巡抚。甲午战争，中国战败，清政府同意割让台湾。在台湾的唐景崧受台湾民众抗日情绪的鼓舞，没有听从清政府让他内渡回大陆的指示，而是与同在台湾的刘永福、丘逢甲等人一起，带领台湾民众进行抗日。失去大陆支持的台湾抗日很快失败，唐景崧狼狈逃回大陆，回到桂林，筑五美堂而居。此时的唐景崧仍然不愿沉沦下去，他一方面组建戏班子，着手戏剧改革，推进桂剧发展，一不小心成为桂剧的奠基人物；一方面参与乡梓教育，担任广西体用学堂的总教习，以培养新人为己任。他的学生中，最著名的两位是马君武和邓家彦，这两位在日本留学期间参加筹建同盟会，是孙中山的重要助手，也是中国近代史上有影响的人物。唐景崧在桂林还积极参加康有为等发起的改良运动，与康有为来往甚密，在兴圣学会、办《广仁报》等方面积极出力。清光绪二十九年（1903年），前往广州意图东山再起的唐景崧因病去世，他的家人扶柩北上，准备将他安葬在灌阳老家。从广州到灌阳，最便捷的路径，是走水路经梧州、平乐到大圩靠岸，然后翻过海洋山，经潮田、洞井，到达唐景崧的老家灌阳县江口村。唐景崧的灵柩到达大圩靠岸后，并没有走陆路东行，而是安葬在大圩镇对岸磨盘山脚的江洲村旁。唐家为什么最终将大圩作为唐景崧最后安寝地？我没有看到任何文字记述，甚至也没有看到任何猜测性的文字。最大的可能是，他的灵柩到达大圩时，天气已经较热，没法再走遥远的山路运回老家了。

文化赓续

▼乡村文化，除了尽可能保护它的原生态，又该如何整理，并且努力续写之呢？

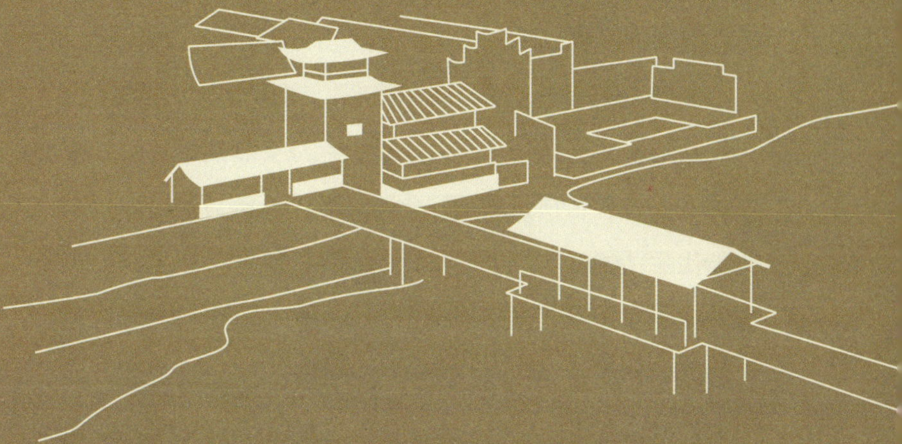

东漓古村的文化重现

大圩镇是中国历史文化名镇，大圩镇的熊村、上桥村、毛村、大埠村，也都名列中国传统村落名录。不过，历史毕竟已经过去，乡村传统风貌的消失也成为难以避免的现象，这是让人感到遗憾的事情。今天，保护传统乡村风貌、保护乡愁载体，越来越成为这个社会的共识。我们可否就这个问题进行进一步的思考：乡村文化，除了尽可能保护它的原生态，又该如何整理，并且努力续写之呢？

在这个问题上，大圩迈出了探索的步子，这是值得关注和鼓励的探索。

在旅游实践中，大圩古东瀑布以体现一个山里人的一天生活而取得了成功。那么，能否创造一个能够体现岭南山里人一生生活情景的项目呢？这个“能够体现岭南山里人一生生活情景”的梦，不就是对传统文化的再现与整理吗？古东瀑布景区的主要投资人李素萌是一个具有乡梓情怀的人，他在古东瀑布景区进入正常运营状态后，就开始思考如何保留传统村落这个很大的文化课题。2010 年，他找到我，拿出他设计的一卷村庄图纸，说他想在他的家乡大圩还原一个传统的古村落。

看了他的图纸，我很敬佩：这份规划图纸，想在潮田河两岸重现那些已经渐渐消失的乡村民居，包括村舍、祠堂、寺庙、磨坊、店铺、油榨坊、制陶屋、火窑、水车、小桥等乡村建筑文化应有的元素。

初读图纸，我有些欣喜。因为，在几十年前，我构思过那个以桂海铁路和马车串联的草坪乡村公园，不正与这个思路有所合拍吗？

面对图纸，我又有所担忧。我毕竟是学经济出身的，我深知，一个项目要能够持久运行下去，必须有经济上的自我循环能力，一家企业如此，一个乡村、城镇，直至一个国家，莫不需要这个运行前提。我看过国内外不少做成旅游项目的古村镇，为了追求利益，最后只剩商业味，少了烟火气，让游客失望。英国的拜伯里，却给我留下了极深的印象，因为那里仍然保持着村民的原始生活状态，而这正是拜伯里最大的价值体现。

我对李素萌说：这个规划方案很不错，但烟火气也就是原住民的生活形态很重要，你如何解决这个问题？

李素萌看出了我的顾虑，说：我们想到了这一点。这个村子，也是匠人生活的环境，会有烟火气的。

为了这个乡村传统文化的情怀，李素萌将他在别的投资项目上所挣的钱——包括在古东景区所挣的钱，全都投

烧制陶器，是大圩历史悠久的手工业

入到了这个项目中。一晃十几年就过去了。这十几年来，李素萌的乡村规划区里，如同浸泡在显影液中的相片一样，逐渐出现了一片具有浓郁桂北特色的村舍。这些村舍，如同我在《我的乡村文化观》一文中所说的那种过去的乡村：“这些房屋的关系，长幼有序，主次分明；村径弯曲自然，无非通向农田、通向小溪或者水井、通向圩镇。”

他这个古村的建设整理工作，因为要用到传统材料，要遵循传统工艺，还要不断在实践中调整已经建好或者将要建成的各个建筑之间的关系，是个花钱的慢活。十几年来，我每一年都会去那里若干次。可以说，我虽没有参与他的乡村建设，却是一个全程的目击者。眼见着他带领他的团队，在桂北各县的乡村转悠、寻找，走了100多个古村落，然后提出一个个零碎的方案，再提升整理成一个较完整的具有可行性的方案。他们为此花费了大量的时间、精力，去寻找什么呢？寻找那些经典乡村建筑的原型，尤其是寻找那些快要消失的原型建筑。去观察了解那些古建筑，解读古石碑，拜访老祠堂，听村里人讲老故事，慢慢形成一个完整的意识：接下来的目标，是要做一个能够充分体现桂林地区山村特点的有文化内涵的村子，而不是做成一个普通的旅游景点。他的团队成员不但会把那些精美却已落魄的乡村建筑描绘下来，还会想办法在各村镇里购买村民们因为拆旧建新而拆解下来的旧建材，包括木门、木窗、灰瓦、青砖、石柱础、木横梁等。特别是那些有年代感的青砖、泥砖，几十年前就不允许再生产了，消失一块，这世界上就会少一块。从经济角度来看，那些旧砖旧门窗之类，要比新砖新门窗贵多了，但那些旧物件特有的文化气息，却不是新物件能够给予的。当然，为了保证房屋的质量安全，一些主梁、挑梁等承重构件，还是选用了新料，但在补缝刷漆时，仍然沿袭传统工艺。

就这样，在时间的打磨中，一间一间的农舍建好了，一孔一孔的商铺成型了，跨过潮田河的铁桥和石桥架设好了。祠堂按照传统格局建好了，也按照传统仪式举行了启用典礼；书院建好了，在那里组织了许多学术演讲；戏台建好了，请来了有名的戏班子唱桂剧、唱彩调；豆腐坊的热豆浆随时恭候客人去品尝，客人还可以亲身体验腐竹的制作过程；油榨坊的传统榨油法最讨孩子们的喜欢；在陶艺坊，你可以自己动手做一件心仪的陶器，然后交给师傅放到窑里去烧制成型，当然要若干天后才能拿到定型产品；打铁铺里铁花飞溅，织布间里纺车吱呀；水车转动处，是染坊在工作；油坊呐喊中，是游客在体验。孩子们最开心的，是在河沟里集体捉鱼。看到自己亲手抓到的鱼成了盘中餐，那份快活会让他们经久不忘。

现在，我仍然是经常到这个村子里去，徜徉其间：村口的碉楼，借鉴了南方碉楼的元素，区别在于，广东的碉楼是各家各户的私产，而这里的建筑是一个整体，碉楼的功能是村子的公共建筑，尺寸略大，以突出它的公共建筑性质。西岸虹影桥头的得月楼，借鉴了阳朔留公村的那个码头建筑，原建筑设在码头，可以遮阴挡雨，路人在等船时可以在此小憩，互相之间可以攀谈，还可以形成小型的市场，满足客人需求，这个得月楼建在桥头，可供游人驻足观景。

从东漓古村的布局来说，潮田河西岸是村庄的生活区，民宿、圩街、非遗文化展示都在这个区域，戏台、祠堂、书院等也在这个区域，这里既有生活气息，也有文化气息，游客一进村，就可以直面这里的生活环境。老话说：择吉地而居之。这里进出方便，视野开阔，能聚能散，乃“风水宝地”也。

西岸的圩街，沿河而展开，有镖局、商铺、饭铺、茶庄、客栈等，在房屋结构布局、产业形态方面，对接桂林地区常见的沿河圩镇，如平乐沙子镇、兴安界首界、灵川大圩镇，均是这样的走向，非常自然。

东岸靠山坡，地形相对复杂，主要是生产区域，如渔村、染坊、油榨坊、豆腐坊、酒窖、火窑、水车、石碾等。生产要讲究因地制宜，这些生产设施放在东岸，与高低错落的地形相互搭配，不但可以很好地利用地形条件，在视觉上也有很好的美学效果。

东岸的很多生产项目，不但可供游客参观，而且还可供游人亲身体验。其中一些，还具有团建特色，如集体捉鱼、集体榨油等。

东滴古村里的虹影桥

连接东岸和西岸的有两座桥，一座桥在村庄上游处，靠近得月楼的这一座，叫虹影桥，为铁桥，主要是为了抵抗洪水冲击，在造型上借鉴民国铁桥风格；另一座桥叫接龙桥，是石桥，位于村庄下游处，这样就可以使游线形成环绕，而且在传统风俗上也遵从了有来有去、承接上下游的要求。

两座桥之间，河床中有一片洲子，洪水时会被淹没，但其余时间，非常适合游客徜徉。这里也是村里的牧牛地，几头牛在这里悠闲吃草，构成了一幅很传统的乡村风

东漓古村俯瞰图

情画。每天清早和黄昏，放牛和暮归时，农人会牵着这些牛绕村庄游线走一圈，形成与游客的景观互动。上午和下午，还有牛车沿着村道行走，为游客提供原汁原味的乡村风情体验。

我在这里最喜欢看的景色，是村里的牛群。那几头牛在河中的洲子上吃着草，给游客提供了很好的乡村风光。

①、②东漓古村植染大地艺术节　丁玫/摄

暮色四合，牛群归栏时，斜阳在它们身上投下长长的影子，那便是农耕时代的钟摆。当农人赶着牛车沿村道缓缓行走，牛车会蹚过河流，那场景恰如梦中一般，很多客人见此，往往停下手中的游戏，嚷嚷着要乘坐牛车。

东漓古村的投资人和经营管理者，很注重对地方历史文化的保护和体现。这一点，不仅表现在建筑形态和经营业态等看得见的方面，也体现在不为人知的幕后。他们鼓动桂林文化人创建了桂林古村文化研究会，多次赞助相关研讨会，还出资印刷了内部会刊，为学术交流提供便利。2022 年，我的新书《桂林旅游发展史》也在东漓古村的书院召开了分享会。2023 年 6 月底，这里举办了中国・桂林・东漓第二届植染大地艺术节及植染品牌大会，大会的组织者说："广西拥有丰富的植物、经济作物资源，如柘木、冻绿、乌饭树、马蓝、木蓝、密蒙花、栀子、姜黄、枫香 、乌桕、红蓝草、苏木、紫草、荔枝、龙眼、茶叶、薯莨等均可作为植染产业的染材。植物染产品的生物基绿色属性有助于建立健全绿色低碳循环发展经济体系，部分植物染料来源于植物和农林作物的废弃物，可实现废弃物的高值化循环利用，实现碳的负排放，助力'双碳'目标达成。"这个大会，连续两天。两天时间，我都

东漓古村植染大地艺术节　丁玫／摄

东漓古村植染大地艺术节　丁玫／摄

待在那里，仔细地观察和欣赏如此养眼的植染艺术：夏日阳光灿烂，让一切色彩都显得艳丽饱满，植染艺术家们或在桥亭、或在滩头、或在流水中、或在展厅里，展示他们精心创作的植染艺术品。这一届植染大地艺术节，既有植染文创用品，也有植染食品，还有公众参与植染体验，如茶染、柘木染等。看着那些构思新颖、设计精巧的艺术品，忽然觉得这些艺术与东漓古村的村容村貌结合得如此之好。其中，田野走秀和专家讲解是让人难忘的艺术品鉴亮点。

水印长廊的文化追求

既然要说大圩镇的“文化续写”，那就必须介绍一下水印长廊。黄沙河与漓江的交汇处，石家渡村对岸，与力村相邻的那块江边土地，就是水印长廊。水印长廊是一个漓江边很安静优雅的度假酒店。

我曾在前文说过：大圩之地，商业意识较强，读书走功名之路的人不算多。这个话，当然不能绝对化，比如在民国早期，这个石家渡村就出过一个叫石孟涵的人。石孟涵是广西较早期的留学生，据民国二十三年（1934 年）出版的《广西留学史》，石孟涵于光绪三十二年（1906 年）公费到日本留学，毕业于日本明治大学法律本科，获法学士学位。回国后，曾任大理院刑庭推事、广西督军府军法长等职。孙中山驻跸桂林筹划北伐大计时，石孟涵担任过孙中山的秘书。不过，孙中山率军返广东时，石孟涵并没有追随而去，而是留在桂林，住在百岁坊姚家巷（今三多路西段），以担任教职谋生，先后在广西法专、广西第二师范、桂林中学等校任职，著名画家阳太阳、具有传奇色彩的中共地下党杰出代表谢和赓等，都当过他的学生。石孟涵讲课，“议论风生，诙谐百出”，与马君武、李天佐一起，被称为“桂林三才子”。与出过石孟涵的石家渡村相邻，也算是水印长廊对文化追求的重要底色吧。

到大圩旅游，水印长廊是一个绕不过去的存在，虽然很多桂林人都不知道这个地方，但不妨碍很多社会名流到这儿来进行一趟避世之旅。

十年前，还没有“水印长廊”这个项目呢，一名广东投资商到桂林来寻找商机。他原来看中的高尔夫项目，因故没有谈成。在他准备抽身返粤时，路过漓江边的桂磨大桥。大桥西北侧有一个地产项目，正处于欲进不能、欲罢也不能的尴尬阶段。这名投资商走到这个项目的漓江边，恰巧看见漓江洲子上一头水牛在悠然自得地吃草，他内心的柔软处一下子就被触及了：如此神仙境界，人可以在自然中自我疗愈！

于是，这名投资商当即决定购买下这个项目，以“自然、艺术、健康”为主题，把项目定位为“中国山水会客厅”进行续建，愿景是“让人们诗意地栖居”。

这里紧邻漓江，对岸是村庄、田畴，远处是以白面山领衔的奇峰群落天际线，真是一个风景绝佳之处。立足于此的项目，必须有神来之笔，否则就浪费了这大好的风景资源。“在最好的地段打造最好的物业，做别人没有的，世上无双的。水印长廊就是这样。”本着这个理念，项目投资

水印长廊半亩园菜地，旁边就是漓江

水印长廊漓江岸边风景

人请来了国际顶级的规划大师刘太格先生。刘太格是新加坡城市规划之父、2008 年北京奥运会建筑设计评审委员会主席，请他来担任这个项目的规划及建筑设计和艺术总顾问，一下子就提升了项目的格局。并且，以刘太格为主导，本着“臣服于自然”的态度，项目整合了一群建筑、室内设计、园林艺术、广告、影视等领域的国际大师。

优秀的建筑规划师，从来就是把对自然、对环境的尊重放在第一位。刘太格认为，这里有山有水有湿地，这里的规划理念就是“生活”两个字，应创造出优美的生活环境，因此，要尊重土地的特色，大自然才是这片土地上的主人，这个项目要体现出桂林山水水墨画的味道，强调中国建筑环境的传统，强调通透见景，“风景”是这块土地最有价值的地方，他的规划，就是把山水作为灵魂。刘太格很少做地产规划及设计，他以前都是以城市规划为主。果然是一流大师，他的这个山水作品，一问世就成为建筑界的杰作。

现在，你走进水印长廊园区，站在漓江边，举目远望，漓江缓缓从身边流过，江中心是许多绿得让人心醉的小洲子，江对岸是丛林掩映的田园，更远处是一组奇峰组成的水墨画天际线。这是多么让人屏住呼吸的景观啊！

最好的景观是生态。投资人请了香港著名的景观设计师梁耀贵来做景观设计，梁耀贵强调植物的多样性和季节的适应性，选择了 150 余种本地植物，包括乔木、灌木和草类，这些丰富的植物种类将水印长廊组成了一个百花园，保证在每个月份都有 4 种以上的鲜花同时开放。香气随风而动，天然而高级。

项目的江岸一带，种植了大量的乌桕树，让这里的冬天有灿烂的色彩。

其实，这一段的漓江江面，在历史上曾因挖沙形成许多乱石滩，对景观影响很大。水印长廊在大圩镇政府的支持下，从尊重自然的原则出发，小心修复堤岸，栽种漓江流域原生的植物。员工们慢慢将这些乱石滩恢复到自然状态，终于引来大批白鹭，成为鸟的天堂。明星林志玲特意来到这里访问，与水印长廊联合成立了“白鹭保护义工团”。通过对被破坏环境的保护性修复，湿地现已呈现出自然的一面，白鹭也就愿意把这儿当作自己的家了。

现在，在秋冬季节，水印长廊已经成为漓江最美的白鹭观察地。

那些洲子与洲子之间的水道，无人打扰，相当私密。在这样的水道中划一下桨板，与漓江来一番亲近的嬉戏，会让游客的这一次憩息留下长久的记忆。于是，园区请来了桂林最好的桨板教练。我曾于黄昏时在这里观赏，只见客人们划着桨板、皮划艇，顺着水道舞动手中的桨，桨叶搅乱了倒映在流水中的落日的余晖。

与刘太格相呼应，著名导演张艺谋担任了水印长廊形象影片《回到我》的总导演。他在短小的形象影片中，提出了“我从哪里来，我要去哪里，我是谁”这种充满哲学意味的生命拷问，认为水印长廊应该是人生再出发的地方，“回到自然，回到纯粹，回到我”。

既然是“人生再出发”的地方，投资人的理念也发生了变化：以前只想着将物业出售，然后收回资金，现在觉得，这么好的地方，应该让更多的人分享。于是，投资人将部分物业转向精品酒店方向，让客人在这里住几天，真正感受一下大美山水的魅力，养心养生。

这么好的景观，一定要让游客充分享受。

在水印长廊里消费的客人，就餐的最好场地不是餐厅，而是在露天的江边。想想吧：每一个大城市，都有装修顶级的餐厅，客人为什么要到这儿来消费？必须给他们提供与大都市完全不一样的漓江野奢美餐，这是在全球也难以复制的风景。所以，水印长廊的管理者们提出这样的理念：除了晚上，客人最好不要在房间里待着，要把自己融入园区的风景中。于是，水印长廊的江边，开辟了以艺术菜园＋餐厅组成的“半亩园生活馆”，倡导从菜园到餐桌的有机生活，用米其林的标准，把桂林的食材进行美学、艺术呈现。

独特的就餐环境，只是吸引力的一种。酒店的核心卖点在哪里呢？

在大都市里，有的是豪华商务酒店品牌，从水印长廊的地理位置和物业规模来看，并不适合走豪华路线。他们

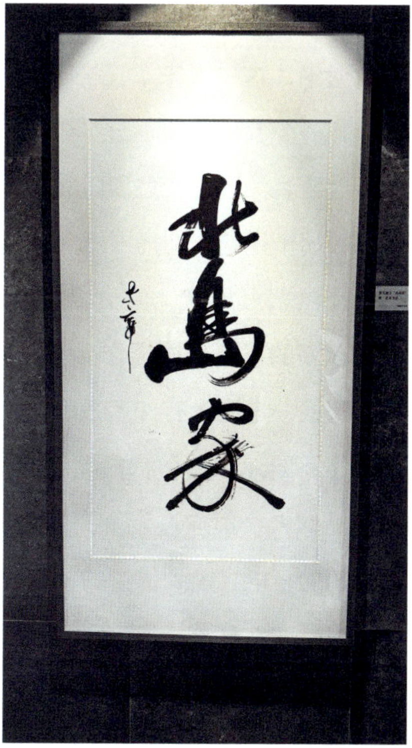

姜文题写的“北岛家”

决定独辟蹊径，从提高酒店的文化品位入手，植入一系列的人文元素。他们先后举办了“陪海子母亲读诗”“严歌苓作品主题座谈会”“北岛诗会”“希克对话”“北岛、严歌苓、萧可佳跨界慈善艺术展”“漓江音乐雅集”“躺一会儿音乐之旅”“山水阅读”等在中国文化界具有影响力的文化活动，这些活动吸引了很多文化艺术名流光临水印长廊，如张艺谋、北岛、王蒙、白先勇、崔健、朱哲琴等。在时光的流逝中，这些人来了又去了，但他们身上所带有的文化特质，多少会留下来，逐渐成为水印长廊的文化印迹，使大圩这座漓江边的特色酒店成为一处低调而有内涵的存在。比如，园子里的“北岛书房”，按照北岛的个人喜好来进行设计，由著名导演、演员姜文题写了“北岛家”，室内陈列了北岛的手稿、摄影作品和他亲自参加策划的重要文化活动海报，走廊上有许多吊牌，那些吊牌上写着小段文字，是游客写给北岛的留言。北岛的粉丝们来到这里，很难遇到北岛本人，但通过留言，真的有走近北岛的感受，而北岛也真的有机会读到他们的留言。

除了“北岛书房”“漓江音乐厅”“矿晶科学馆”“多功能艺术空间”“半亩园生活馆”“江畔剧场”等文化场馆外，水印长廊也正在着手策划更多不同领域的艺术家、大师，设立具有他们个人风格的酒店别墅式书房集群。

可以说，水印长廊，除地处大圩，充分利用了大圩的景观环境之外，它所努力积累和创造的文化，都是外来的，是大圩吸收外来文化的代表。这种文化特征，不但与水印长廊的旅游元素相得益彰，也使大圩的文化发展有了支撑，是大圩续写文化篇章的重要体现。

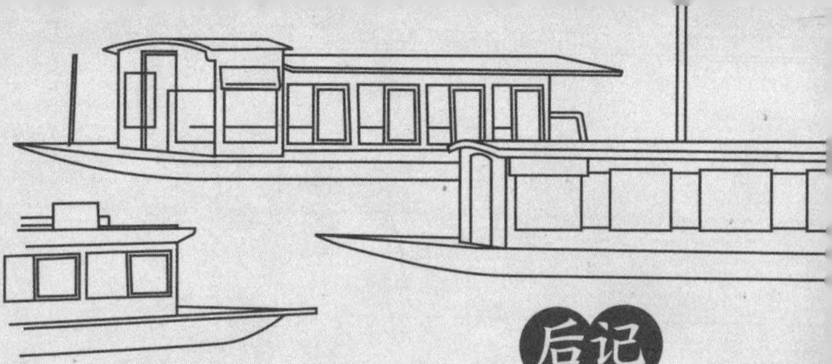

后记

一本书稿完成，总有几句话想说。

在与编辑沟通后，虽然写作合同还没有签订，但我是个比较急性子的人，于是我就立即联系了灵川县文旅局的盘旭局长，希望她向我推荐一下比较熟悉大圩历史文化的当地人，盘局长很快就联系了大圩文化站的何树华站长。何树华先生其实是草坪人，接手大圩文化站的工作时间不长，且主要工作精力在镇党委，所以何树华又向我推荐了刚退休的大圩镇文化站李喜明站长。李站长是大圩本地人，又在大圩工作了几十年，对大圩的点点滴滴可谓非常熟悉了，这真是一个非常理想的文化向导啊！借此机会，感谢盘旭、何树华、李喜明诸君。

从表面上看，我很早就到过大圩，在桂林的几十年工作中，也多次造访大圩镇及相关村庄，算是对大圩比较熟悉了。但从一本书的写作要求来看，我原来对大圩的了解当然很肤浅，那种了解程度，不足以支撑我写出一本书来。于是，在李喜明先生的陪同下，我多次到大圩古街以及周边的熊村、上桥、桂局、沙桥、上茯荔、大埠、西马、涠沙等村庄以及东漓古村、水印长廊等旅游单位去走访、调研，进一步了解大圩相关的风土人情。在这个过程中，走访了周长富、朱金成、李九连、黄高友、廖新德、廖坤保、廖胜林、李锟禄、李素萌、卯兴明、张甲滨等人士，借此机会，向以上诸君表示我诚挚的谢意。

蒋小榕先生对大圩古桥了如指掌，感谢他为我带路寻访，并做详细介绍。

感谢桂林画家谢晶波先生，为我提供了他倾力创作的钢笔画长卷《大圩古镇图》。这幅大圩钢笔画，为我呈现出一个完整的大圩古镇画面，牵动了我的情感和思绪，让我笔端的文字变得更有温度，也更流畅。

缪安林先生和文晓云女士为我提供了相关资料，竹石木先生关于大圩虎岩的文章也对我颇有启发，在此一并致谢。

我 87 岁的老母亲刘凤英，在大圩度过了她的童年，感谢她为我讲述她和家人在大圩生活过的那段经历。她的讲述，使大圩的过去变得有血有肉有情感。

感谢我的妻子丁玫，在我每一次前往大圩采访时，都陪我行走在大圩各乡村的古道上，并拍摄了不少照片供我选用。

还有许多为我的写作提供帮助的朋友，比如相关参考书籍、文章的作者，在此就不一一具名了，就此谢过各位的帮助。

主要参考资料

1. 《灵川县志》，广西人民出版社，1997年。
2. 《（光绪）临桂县志》，广西人民出版社，2013年。
3. 桂海碑林博物馆编，《桂林石刻碑文集》，漓江出版社，2010年。
4. ［宋］周去非，杨武泉校注，《岭外代答校注》，中华书局，1999年。
5. 周开保，《桂林古桥》，广西科学技术出版社，2018年。
6. 周开保，《桂林古建筑研究》，广西师范大学出版社，2015年。
7. 曾桥旺，《灵川历代碑文集》，中央文献出版社，2010年。
8. 徐宏祖，《徐霞客游记》，时代文艺出版社，2001年。
9. 曾桥旺、廖明志，《大圩古镇历史文化漫谈》，华夏出版社，2012年。
10. 明月丹心，《走进魅力古镇——大圩》，漓江出版社，2016年。
11. 钟文典主编，《广西近代圩镇研究》，广西师范大学出版社，1998年。
12. 韦重杰，《桂林龙船》，九州出版社，2020年。
13. 桂林毛村黄氏宗亲理事会，《桂林毛村圣母宫碑文集》，内部资料。
14. 李焰生，《闲人散记二集》，中国图书工具公司，民国三十二年。
15. 桂林市交通局、桂林市文化局，《桂林交通文物》，内部资料。
16. 田曙岚，《邕乡处处 广西旅行记》，辽宁教育出版社，2013年。
17. 潘琦、黄伟林，《抗战桂林文化城史料汇编》，内部资料。
18. 廖江，《漓水春秋》，漓江出版社，2014年。
19. 宾敏陔，《桂游日记》，1938年。
20. 费尔南·门德斯·平托，王锁英译，《葡萄牙人在华见闻录》，海南出版社、三环出版社，1998年。